CARTAS DESDE LA PURÍSIMA

ExLibric

CARTAS DESDE LA PURÍSIMA
© Juan Jesús Aranda López
Diseño de portada: Dpto. de Diseño Gráfico Exlibric

Iª edición

© ExLibric, 2025.

Editado por: ExLibric
c/ Cueva de Viera, 2, Local 3
Centro Negocios CADI
29200 Antequera (Málaga)
Teléfono: 952 70 60 04
Fax: 952 84 55 03
Correo electrónico: exlibric@exlibric.com
Internet: www.exlibric.com

ISBN: 979-13-87944-52-0
Depósito Legal: MA 1406-2025

Impresión: PODiPrint
Impreso en Andalucía – España

Nota de la editorial: ExLibric pertenece a Innovación y Cualificación S. L.

JUAN JESÚS ARANDA LÓPEZ

CARTAS DESDE LA PURÍSIMA

EXLIBRIC
ANTEQUERA 2025

A mi esposa, Ana (q. e. p. d.),
a todos mis hijos y nietos,
a Reme, a José Luis Blasco
y a todos los que descansan en la Purísima.

En el año 2009, al comienzo de escribir estas cartas, mi buen amigo José Luis Blasco López me preguntaba si yo recordaba que hacía varios años me publicaron una, la primera *Carta desde la Purísima*. Yo le dije que sí, pero que no recordaba la fecha. Así que él, como buen historiógrafo y archivador, la buscó entre sus papeles y me dijo: «Juan, busca el 26 de octubre de 2006, y la encontrarás». Y aquí está, junto a las noventa y nueve restantes, que fueron publicadas, durante tres años, en los diarios *Melilla Hoy* y *El Faro de Melilla*.

Debo decir que este epistolario es la consecuencia de una inquietud por saber la verdadera historia de Melilla, ciudad donde tuve el privilegio de nacer. Cuando comencé a desarrollar la idea, solo pretendía plasmar en cuartillas algunos de los relatos de mi familia que escuchaba en mi niñez, con los nombres de los protagonistas, lugares de nacimientos y asociarlos con los datos históricos que leía en los pocos libros que llegaban a mis manos, acerca de lo que acaeció mi ciudad. La verdad es que jamás pude imaginar que llegaría hasta la publicación de este epistolario protagonizado, claro está, por nuestros héroes y mártires, pareciéndome no solo un agradable entretenimiento sino que, con el correr de los años, me permitiría recordar, y a mi modo deleitarme con todos los hechos recogidos a lo largo de aquellos años. Como ya digo, estos datos son también fruto de recuerdos de conversaciones habidas con personas que vivieron y sufrieron los avatares de principios del siglo XX. Releerlos era como encontrar ese imán invisible que toda persona teme extraviar en los recovecos de su mente, que le acerca a su propia niñez.

D. Benito Pérez Galdós, en su *Crónica de Madrid*, dice de los militares: «Felices alumnos de Marte, con cuánta candidez se

9

contonean pisoteando airosamente los adoquines. Pueden morir por una gran causa nacional o vencer por un fútil árbitro particular. Su obra es grande, sublime, inmortal o pequeña, rastrera o infructuosa, según se pongan al servicio de los pueblos o a las órdenes de un hombre, según apoyen la libertad o patrocinen una ambición. Comen el sustento que una mano les alarga, vístense los trajes que les dan, empuñan el arma que se les entrega y corren en pos de la gloria, de la derrota o de la muerte».

Melilla desde su conquista ha sido militar, donde muchas de sus calles son testigos al leer en sus rótulos los nombres de grandes militares que perdieron sus vidas por este trocito de España. Algunos, como dice Galdós, cuando contoneando sus cuerpos por los adoquines del pueblo pasaban, a la vez, toda clase de calamidades. Otros, al servicio de un hombre o del pueblo, apoyando la libertad, yendo a por la gloria o la derrota, donde muchos otros se encontraban con la muerte; pero todos lo hacían por España. Esa Cañada de Horcas Coloradas, Ataque Seco, Castelar, antigua Cañada-Rambla del Agua, con el Cementerio de la Purísima Concepción, antiguo Ntra. Sra. del Carmen, es el gran testigo con sus tumbas, galerías y panteones. Su Matrona España, la diosa Niké, con la Palma del Martirio y la Corona de Laurel, que les ofrece a los mártires y héroes, nuestro famoso Ángel de bronce, guardando el descanso de los hijos de la Patria, debe hacernos reflexionar sobre los miles de españoles que descansan a sus pies.

Quizás puede que a alguien le suene esto a una parafernalia propia de una arenga patriotera y chauvinista, pero créame, querido lector, que está muy lejos de mi intención. Hace muchos años —casi setenta—, cuando se originaba algún entierro y chispeaba, el viento hacía que la llovizna picara las blancas losas, llenando el monte del Artillero de Ataque Seco, en una especie de muerte cenicienta. A los niños que nos deteníamos para observar las matas de agua, y la de los panecitos que muchos comíamos, parecía que reían con sus gotas de la fina lluvia, que caía junto a la caseta de la gran llave del agua, frente a la alambrada de la Batería de Artillería de Costa. Esa pequeña caseta, para los niños, era como un palco proscenio de un gran teatro con dos escenarios: uno era nuestro camposanto, con sus patios, panteones y sus tumbas floridas; y el otro eran las calles Castellón de la Plana, Sagasta, Castelar, Duque de la Torre, y las azoteas de Ataque Seco, y como telón de fondo: Melilla con el Gurugú, que fuera amigo del dios Marte, en el horizonte. Eran las hondonadas y valles del recuerdo de mi niñez, que ahora entiendo que fueron el sol de mi infancia, cuando leía incansable los nombres y epitafios en los nichos y tumbas de civiles y de militares. Cuando tuve la edad de discernir me preguntaba quiénes fueron aquellos héroes y mártires, que por el túnel de la tragedia en los cercanos campos de batalla, circularon en silencio con la dignidad y el honor que la Patria se merece; donde las ramas y las raíces de todos ellos siguen creciendo hacia arriba aquellas, y estas hacia el fondo de mi alma. Por ello, estas humildes cartas que como devoto amanuense escribo a su dictado, he intentado que los que sienten verdaderamente esas inquietudes, sepan que ellos están envueltos en la tranquilidad de la Gloria, con el canto imborrable que la Patria siempre canta a sus héroes y mártires. El ópalo hidrófano, traslúcido de sus llantos, en sus tumbas silenciosas, fueron cortados en el aire, donde se pueden escuchar sus lamentos en la luz de la razón. También sé que cada mañana, cuando salía una de sus epístolas, en el periódico *Melilla Hoy* o en *El Faro de Melilla*, dirigida a ustedes, melillenses de patria y de raza, sus almas, como saladas lágrimas marinas, procedentes del cercano acantilado, nos saludaban a todos con el fraternal abrazo de hermanos, que ofrecieron todo por la españolidad, por la idiosincrasia y la cultura peninsular de nuestra ciudad.

Mi gran amigo, José Luis Blasco, siempre que charlamos sobre lo divino y lo humano, cuando sale a relucir nuestra historia, la de nuestra ciudad, Melilla, la plática se convierte en un *aula magna*, muy nuestra. Con su excepcional y fantástica memoria, tiene esa facultad de clarividencia y lucidez, donde desgrana fechas, nombres y datos tan inéditos que algún historiador quisiera poseer para sí mismo.

Yo siempre he tenido el imperativo de escribir sobre Melilla, refiriéndome a la verdadera cultura e idiosincrasia de españolidad peninsular de su gente.

En el año 1985, con dolor y rabia, escribía yo estos poemas al Cementerio de la Purísima y a nuestro escudo:

Canto al escudo de Melilla

Heráldico escudo de León y Castilla,
de gules los castillos
y de plata sus leones.
El Guzmán, como en Tarifa,
lanza el puñal.
Sus dos calderas de serpientes
siete son en cada una.
El Non Plus Ultra con sus columnas,
como algunos Grandes de España,
manto y corona lleva.
El dragón que aguanta el escudo,
en su boca, una lanza clavada lleva.
Melilla, al igual que su dragón,
y en el mismo sitio en España,
la espina lleva clavada
de algunos españoles,
por su sinrazón.

I

La carta a que se refería José Luis decía así:

Queridos melillenses:
Soy uno de los que residen en la Purísima desde el 22 de febrero
de 1904, y procedo del cementerio del Fuerte de San Carlos. Allí
estuve desde que lo inauguraron, el 3 de abril de 1787. Cuando
llegué aquí, me encontré con muchos militares, y también civiles,
que me recibieron con los brazos abiertos, al igual que hicimos, con
todos los honores, a los que iban llegando en 1909, 1911, 1912
y 1914; y los que fueron masacrados en aquellos campos cuando
el desastre en 1921. Algunos, pobrecitos, aún tenían la metralla
en sus cuerpos mutilados. Aunque debo deciros que aquí se forma,
a cada momento, una asamblea para comentar lo que ocurre en la
ciudad; porque desde hace varios años, las cosas están muy candentes.
Como ya sabéis, en Melilla existe un partido político compuesto en
su mayoría por oriundos del Rif, que son descendientes de los que
nosotros nos defendimos y rechazamos en aquellos años tan acia-
gos, cuando Marte se paseaba por nuestros fuertes y murallas de la
ciudadela. Esta carta es para deciros que entre nosotros hay muchos
a quienes la pena nos embarga. Piensan que para qué luchamos
entonces, para qué sirvió ese derroche de sangre si la gente de ese
partido, que proclama la redistribución de la riqueza, no comenta
nada con el achaque de decir que es un hecho de sangre, no acude
a la Ciudadela a rendirle honores a D. Pedro de Estopiñán o al
mariscal Sherlok, cuando saben que gracias a su heroísmo ellos, y
todos los que permanecéis en la ciudad, podéis disfrutar de nuestra
españolidad y ellos, imagino, cobrando unos emolumentos que ya los

quisieran algunos compatriotas. También otros partidos silencian en los medios cuando aquellos quieren imponer el chelja como idioma, comparándolo a nuestro castellano, cosa que muchos de nosotros no hemos llegado a entender. Como siempre están diciendo que les queda no sé cuánto tanto por ciento para ocupar el mando, aquí la gente anda muy desconcertada. De verdad que no entendemos nada. A mi lado tengo a varios militares de alta graduación y, fijaos en mí, un humilde labrador que aprendí las primeras letras y las cuatro reglas de cuentas del escribiente de un noble del pueblo, reunido con tantas personas importantes. De verdad que me hace mucha ilusión y me llena de orgullo, ya que el trato aquí es de igual a igual. Yo espero que ese partido, que guarda ese vergonzante silencio, se pronuncie en alta voz, para que jamás nos echen en el olvido, porque primero deben recordar que somos los que dejamos nuestras vidas por la ciudad, y luego que piensen en las urnas y en los votos. No os podéis imaginar la tristeza que nos embarga cuando pensamos en eso. A los que limpian las parcelas en que descansamos, deben saber que les estamos muy agradecidos, igualmente a las personas anónimas que nos traen flores cada vez que visitan a algún familiar y se detienen en nuestra tumba comunal: la que llaman ánimas benditas, para charlar con nosotros a través de sus oraciones.

Sin más que deciros, me despido de vosotros en nombre de esta asamblea de héroes que os quiere como verdaderos hijos de la Patria. Y que tardéis muchos años en estar con nosotros.

Como posdata os diré que el soldado Benito López Franco, al que vosotros habéis bautizado como el Soldado de los Milagros, no os podéis imaginar lo apenado que se encuentra cuando se ha enterado de que la gente de ese partido se ha abstenido en la votación para que su nombre figure en una de las calles de la ciudad. De la

abstención de los otros no ha echado cuenta, obviamente, ya que son
oriundos del Rif.

¿Se imaginan ustedes, queridos lectores, si en vez de ser el
fruto de mi imaginación fuese una realidad? Creo que más de
uno tendría que agachar la cabeza avergonzado.

Releyendo y tomando notas de libros y revistas que me envían de la Biblioteca del Centro de Historia y Cultura Militar de
Melilla, me he imaginado que muchos de los héroes que figuran
en las siguientes páginas pueden, en la actualidad, escribir algunas
cartas epistolares dirigidas a todos nosotros, los melillenses.

2

Comenzando con la de un cabo de Infantería, del Batallón
de Cazadores de Mérida n.° 13, que muy bien pudiera ser re-
dactada así:

Queridos melillenses:

Os escribo desde el Osario del Panteón de Margallo, donde
depositaron mis restos después de que me mataran los moros en el
reducto de Sidi Musa, el 20 de julio de 1909. Tengo solo 23 años,
soy aragonés, de Yésero, un pueblecito en la provincia de Huesca. A
mi lado está Remigio Fraile, de Peraleda de la Mata, en Cáceres, a
quien mataron tres días después que a mí. Él pertenecía al Batallón
de Cazadores de Figueras n.° 6. Si supierais lo orgullosos que es-
tamos de tener entre nosotros, humildes soldados, al glorioso general
D. Guillermo Pintos Ledesma, el de la famosa piedra que, tras su

muerte, pusieron en la falda del Gurugú, donde una bala traicionera acabó con su vida; la verdad es que es un gozo y un gran honor verlo pasear, con su barba entrecana, y cargado de cruces y medallas, que si no he contado mal, creo que son unas veinticuatro condecoraciones, que luce en su pecho. Por otra parte, os digo que somos tantos que no cabrían todos nuestros nombres en esta humilde carta; pero quiero que sepáis que somos de todas las provincias de España, pertenecientes a distintos batallones y regimientos, como los de Infantería de Guipúzcoa, África 68, Las Navas, Chiclana, Tarifa, Caballería Alfonso XII, y tantos otros.

Citando a los compañeros de regimientos y batallones, se me ha ido el santo al cielo. Esta carta es para comunicaros que todos los que estamos en este Panteón nos sentimos muy indignados por las manifestaciones de un ministro marroquí que dice que tanto nuestra ciudad hermana de Ceuta como Melilla: «[…] Son dos ciudades marroquíes, están en Marruecos, España lo sabe y los españoles lo saben…». Aparte de la indignación por ese ministro, todos nosotros sentimos una honda tristeza que inunda nuestras almas de soldados, y es debido a que algunos de los que publican sus artículos en los diarios de la ciudad, faltando el respeto a los que no piensan como ellos, solo practican la demagogia política, y sobre el particular hacen la callada por respuesta. Muchos compañeros me dicen que a algunos no se les entiende nada de sus metalepsis, metonimias o metáforas mal redactadas. Yo, antes de nada, pido disculpas si por mi juventud e inexperiencia pido que os manifestéis como verdaderos españoles, sin importaros el qué dirán. Fijaos en nosotros, que hace más de un siglo que estamos descansando en este precioso jardín, debido a que nuestras vidas fueron entregadas a la Patria cuando la defendíamos con las armas. No temáis ni le echéis cuenta a los quintacolumnistas promarroquíes que están en la ciudad, ni tampoco a lo que puedan decir los herederos de aquellos con quienes nos batimos en estas tierras; los que no desean acudir a los fastos del Sitio (1774-1775) o de la Conquista de la Ciudad; o también de los que dicen ser españoles y solo lo son unos arribistas.

Antes de enviar esta carta al periódico, se la he dado a leer al general Pintos y me ha dado su aprobación con un abrazo. ¡Qué gran hombre, mi general! Así que, solo me resta despedirme de todos vosotros, con un fuerte abrazo. ¡Ah!, ya se me olvidaba: me llamo José Acín Escarpín, y como ya digo al principio, soy mañico.

Creo que si las cartas epistolares de estos héroes son acogidas, con el cariño propio de los melillenses, más de uno se animará a escribiros. Pero encarecidamente os ruego que, si alguien desea replicarme, lo haga sin demagogia y con el profundo respeto que se merecen nuestros héroes y mártires, que descansan en nuestro Cementerio de la Purísima.

3

Interior del Panteón de Héroes.

La siguiente carta pertenece al teniente coronel de Infantería, del Batallón de Cazadores de Figueras, n.° 6, D. José Ibáñez Marín, honrando una calle con su nombre en el barrio del Príncipe de Asturias, barrio que algunos antiguos llamaron Príncipe Alfonso, y dice así:

> *Queridos melillenses:*
> *Os escribo desde el Panteón de Margallo, fila 2.ª, n.° 3, donde me encuentro desde el 23 de julio de 1909, hace más de un siglo, al ser herido de muerte en los combates de los Lavaderos. Como ya*

sabréis por la prensa de la época, me mataron cuando tenía 47 años, encontrándome casado y con cuatro hijos. Desde que salí de la Academia Militar, pasé por los regimientos de Infantería: Tetuán, n.º 47; Baleares, 42; Wad Ras, 50; León, 38; Zamora, 8, y Otumba, 49. Y los batallones fueron: el de Reserva de Madrid, n.º 1; el de Barcelona, n.º 15; de Puerto Rico, n.º 19; de Arcos, n.º 35, y Andújar, n.º 57.

Para no pecar de inmodestia diré que mis condecoraciones están en las páginas de la Historia Militar de España, donde tengo el honor, como todos mis compañeros que caímos en la Campaña de 1909, Barranco del Lobo y otras gestas, de figurar.

Deben disculpar porque, quizás, el contenido de estas cartas, remitidas desde este hermoso panteón donde nos encontramos todos los que caímos en los campos de batalla, parezca algo repetitivo. Hace algún tiempo me mostraron una fotografía, para mí muy entrañable y emotiva, donde se puede observar los abrazos que me brindaron mis soldados el día que me dieron cristiana sepultura.

Yo, como español y militar que entregué mi vida por este trocito de España, tengo que decir que me uno a las declaraciones del catedrático de Derecho Constitucional de la Universidad de Santiago de Compostela, D. Carlos Ruiz Miguel, cuando dice que el tamazight, el que hemos conocido por estas tierras como chelja, y el árabe, no son lenguas españolas.

Como siempre he querido agradecer a mis soldados el abrazo que me brindaron ese día, desde estas líneas, tan llenas de emoción y de agradecimiento por ese hecho, me despido de ustedes comunicándoles que, cada vez que paseen por la calle que lleva mi nombre, es un abrazo que les ofrezco a todos los melillenses de buena fe.

Como sé que muchos de los lectores ignoran las condecoraciones que poseía el teniente coronel Ibáñez Marín, les diré que estaba en posesión de dos cruces blancas de 1.ª Clase y dos de 2.ª Clase del Mérito Militar; Cruz de Caballero de la Real Orden de Carlos III; Cruz de 2.ª Clase de María Cristina; Comendador de la Real Orden Militar de Nuestra Señora de la Concepción; Medalla de Alfonso XIII; Cruz de San Hermenegildo; Placa de la Estrella Negra de la República Francesa; Medalla Conmemorativa de los Sitios de Zaragoza. Fue ascendido a coronel de Infantería por méritos de guerra el mismo día en que encontró su heroica muerte, el 23 de julio de 1909. Como intelectual y escritor, publicó *Ruiz de Mendoza, héroe de la Independencia Nacional; Rusia Militar y la Guerra Europea; la educación militar; estudios militares y políticos; la campaña de Prusia; bibliografía de la Guerra de la Independencia; homenaje al general D. Arsenio Martínez Campos; homenaje al general Gómez Ateche.* También fue director de la *Revista Técnica de Infantería y Caballería.*

Cuando yo era pequeño, acompañado de mi madre, siempre tuve la oportunidad de andar a través de las tumbas y mausoleos militares de nuestro cementerio, donde conocí a un noble anciano, que siempre me decía que en este camposanto faltaba una frase del poeta José Zorrilla, que dice así: «SIEMPRE SERÁ PARA EL QUE MUERA HONRADO, TUMBA DE REY, LA FOSA DE UN SOLDADO». Una frase sencilla, que tomo prestada, y que la escribo con mayúsculas, ofreciéndosela al teniente coronel Ibáñez Marín y a todos los que están junto a él, descansando en las Fosas de Rey, en la Purísima, como soldados honrados y héroes que fueron.

4

Interior del Panteón de Héroes.

En la página 5 de un librito (mi amigo José L. Blasco lo llama: la Joyita), impreso en 1923 en la imprenta del Rgto. Cazadores de Alcántara, de Caballería n.º 14, figura el nombre de D. José Campoy Irigoyen, capellán 2.º de dicho regimiento, junto con todos los nombres de los jefes y oficiales del mismo. Antes perteneció al Regimiento de Infantería n.º 11. Sobre este sacerdote dice lo siguiente:

D. José Campoy Irigoyen, muerto en la evacuación de Arruit; cuando, pasados los primeros días, empezaron a acentuarse las bajas de individuos, pidió y reiteró tanto al general Navarro como al teniente coronel Pérez Ortiz que le dejaran preparar espiritualmente a todos los defensores de la posición, logrando efectuarlo así sin reparar en riesgo ni peligro alguno, acudiendo para ello a los lugares donde se encontraban aquellos.

La carta de este capellán dice así:

Queridos melillenses:

Desde la 2.ª tumba del clero castrense, en la Purísima, junto a varios compañeros religiosos, como son Francisco María del Valle, del Batallón de Infantería, muerto en Zeluán el 4 de agosto de 1921; Modesto Bengoa Cereceda, del Batallón de África, muerto en Axdir (Alhucemas) el 3 de noviembre de 1925; José Álvarez Abad, de la 2.ª Expedición de Infantería de Marina, 2.ª Armada, muerto también en Axdir el 23 de ese mismo mes; el laureado Jacinto Martínez Verdasco, del San Fernando n.º 9. Según el periódico La Vanguardia de Barcelona, del 9 de octubre de 1927, en este mes de julio, va a hacer ahora más de un siglo desde que me degollaron los moros en monte Arruit, junto a los alféreces veterinarios José Montero, Vidal Platón y Eduardo Caballero. También cayeron trece muchachos, educandos de la banda del Regimiento, que eran casi unos niños. Toda esta barbarie ocurrió mientras nuestros soldados, después del cruel calvario del asedio, sin agua ni comida alguna durante varios meses, entregaban las armas, y el general Navarro se dirigía prisionero, junto al intérprete Antonio Mellado y los jefes y oficiales de su cuartel general, a la estación de ferrocarril. En la confusión, tras la ignominiosa traición de los asaltantes, que no respetaron rendición alguna, que nos mataban a todos los que nos encontrábamos indefensos dentro de la posición, el médico Felipe Peña pudo salvar muchas vidas de heridos de gravedad mientras estaban en las camillas; pero fue cosa inútil, porque los moros (convertidos en chusma asaltante) no respetaron a ningún herido. Sé que más tarde, una vez reconquistado el campamento, se encontraron a la gran mayoría de cadáveres profanados y mutilados, siendo casi imposible la identificación de los mismos, y trasladados a la gran fosa que se abrió para tan penoso y honroso cometido. Luego me contaron que algunos de los Hermanos de la doctrina cristiana, de La Salle, mientras se encontraban de retiro en la península, al enterarse de estos graves sucesos, se personaron en la ciudad y ofrecieron su colegio como hospital para los heridos en el campo de batalla, marchando, junto a los padres capuchinos, para recoger los cadáveres insepultos de todos nuestros héroes que, en aquellos tristísimos días, ofrecieron sus vidas por la Patria. El 5 de agosto, tras cinco días de agonía, y en los brazos de la cantinera de la posición, fallecía el teniente coronel D. Fernando Primo de Rivera, al mando de cincuenta hombres, en la puerta principal de la posición. Decían que a su caballo le llamaba Vendimiar, nombre muy propio de su origen jerezano.

Todos estos datos históricos, después de varias lecturas, corregidas y contrastadas por D. José Luis Blasco López, gran hombre y mejor persona —y lo digo porque, gracias a él, muchos datos históricos sobre el Ejército y el clero castrense destinado en Melilla—, muchos libros publicados por historiadores de prestigio y personas, como este que les escribe, jamás podríamos haber publicado nada al respecto.

5

Clero castrense.

Al hilo de la anterior carta (4.ª de la serie), en la que el capellán 2.º del Regimiento de Caballería Alcántara n.º 14, D. José
Campoy Irigoyen, nos escribía, y por la falta de espacio para mi
comentario, debo decir, según D. Rafael Fernández de Castro, el
que fuera cronista oficial de Melilla, que el 8 de agosto de 1949,
a las diez de la mañana, entraron en nuestra ciudad los dieciséis
arcones metálicos sobre armones de artillería, cubiertos con
banderas nacionales y coronas de laurel; presidiendo el cortejo el
general jefe del Cuerpo de Ejército del Maestrazgo, D. Gustavo
Urrutia González. Los restos de estos héroes y mártires, junto a
2996 cráneos, fueron depositados en la cripta llamada popular-
mente Patio del Ángel.

En una lápida, junto a los restos, se puede leer un poema de
Goy de Silva (Ferrol, 1883-Madrid, 1962), que dice:

Después de aquella cruz divina del calvario
ninguna cruz más santa que esta cruz dolorosa.
Trazada con la tierra bendita de esta fosa
donde el alma española
tiene su relicario.
No hay en la tierra un templo funerario
con mayor emoción que esta tumba gloriosa.
Conmueve más el alma su sencillez hermosa
con las regias pirámides del mundo milenario.
¿Qué ofrenda digna hay de esta cruz consagrada
que no sea ni el laudo, la palma ni la espada,
con la oración ni la lágrima, la rosa ni la estrella?
Busquemos entre todas la corona más bella:
aquella que ciñó las sienes divinas,
la del mártir del Gólgota: ¡la corona de espina!

La lápida original que estuvo en monte Arruit, hasta la exhumación de los restos, también la pudimos admirar en el Monumento a los Héroes de las Campañas en la Plaza de España, junto a nuestro heroico soldado, símbolo de todos los que dieron sus vidas por este trozo de España; haciendo perpetua guardia y mirando al Gurugú, montaña en cuyos barrancos aún se puede ver la sangre derramada de nuestros soldados. Por eso no es de extrañar que, después de noventa años, nuestras FF. AA., conocedoras de los hechos tan heroicos llevados a cabo por el clero castrense en Melilla, les concedieran el altísimo honor de colocar una corona de laurel, tan bien merecida, por este colectivo tan abnegado.

Por otra parte, siendo una humilde opinión de este que les escribe, creo que los religiosos que cayeron en los campos de batalla, en las posiciones donde aguantaron las infrahumanas desgracias junto a nuestros soldados y que están enterrados en la Purísima, pienso que el lugar donde deben reposar sus restos es en la Iglesia castrense, en el Mantelete. La foto en que se pueden ver los componentes del clero castrense destinados en Melilla —el capellán Campoy Irigoyen es el que está de pie, el tercero por la derecha— es foto cedida por mi buen amigo José Luis Blasco López; donde también se puede contemplar, en la página 701 de *Historia de Melilla*, de Antonio Bravo Nieto y Pilar Fernández Uriel.

6

De los héroes: comandante D. José Royo de Diego y del capitán D. Enrique Guiloche Bonet se ha escrito tanto que bien merece que ellos lo hagan desde el lugar donde reposan desde el 18.07.1909. El que escribe es el comandante Royo, en nombre de los dos, y dice así:

Queridos melillenses:

Tanto el capitán Guiloche como yo nos dirigimos a ustedes desde el Panteón de Margallo, fila 1, números 2 y 3, respectivamente. Sabemos que muchos de ustedes nos conocen solamente por las calles rotuladas con nuestras graduaciones y apellidos, que existen en el barrio de El Príncipe. Deben saber que los dos pertenecíamos a la Comandancia de Artillería de Melilla. El capitán Guiloche era hijo del médico de Méntrida, un pueblecito toledano, donde nació el 8 de mayo de 1874. Ingresó en la Academia Militar de Toledo el

30 de agosto de 1892; y un año más tarde pasó a la del Arma de Artillería. Yo vine a la vida en Madrid el 28 de marzo de 1860. Ingresé en la Academia de Segovia el 23 de julio de 1879. A los dos nos mataron los moros en Sidi Hamed el Hach. Era el 18 de julio de 1909; fíjense, que ya se ha cumplido más de un siglo. Habíamos combatido durante todo el día, y estando comiendo el rancho, nuestra batería fue asaltada por el enemigo, abriendo una brecha. Al darnos cuenta de la agresión, a voz en grito, le dije al capitán Guiloche: «¡Guiloche, hay que morir, que nos quitan las piezas!». Acto seguido, Guiloche contestó: «¡Venga, vamos allá!». Con nuestros revólveres en mano, fuimos directos a la batería, donde nos encontramos de cara con la muerte, junto a varios de nuestros soldados, después de haberles causado varias bajas a nuestros asaltantes. Tengo que decir que Guiloche, como impidiendo que se llevaran nuestro cañón de bronce de 9 cm n.º 268, cayó con una herida en el pecho, abrazado a una rueda del mismo. A mí me encontraron, a varios metros de él, con cuatro balazos en el cuerpo, muriendo pocos minutos después. El teniente Zabaleta, al comprobar que Guiloche había muerto, se dirigía así al capitán Barbeta: «El capitán Guiloche está muerto, pero se han salvado los cañones». A continuación, y gracias a una compañía del África 68, se salvó la situación. Los dos sentimos una profunda emoción por el hecho de que el comandante Perales y el capitán Barbeta solicitaron decididamente nuestros puestos respectivos, que les fueron concedidos, ya que para ellos era un honor. Según nos comentaban los que fueron llegando años después: ese cañón está expuesto en el Museo de Artillería, conservando aún las huellas de los disparos de los moros que nos asaltaron, cosa que nos ha llenado de un profundo orgullo a los dos. También nos sentimos muy felices, y un poco abrumados, al saber que a ambos nos concedieron la Cruz de la Orden de San Fernando por el hecho de haber cumplido con nuestro deber de soldado y de español.

Sin otra cosa que comentarles, nos despedimos con un fuerte abrazo desde este hermoso jardín de la Purísima.

Es mi más ferviente deseo que, cuando ustedes, queridos lectores, lean estas humildes líneas, suplantando, con todo mi cariño, a nuestros héroes, recuerden que tanto el comandante D. José Royo de Diego como el capitán D. Enrique Guiloche Bonet, el 22 de abril de 1910, fueron los dos condecorados con la Cruz de 1.ª Clase de la Orden de San Fernando.

Y dirigiéndome a los quintacolumnistas, que juegan con dos barajas, por ese hecho, tan heroico, y tantos como han acontecido en nuestra ciudad, desde hace más de cinco siglos, creo que debo decir, y lo digo a viva voz, como el comandante Royo, se dirigió al capitán Guiloche, hace ahora más de un siglo, entregando sus vidas por la Patria, y también porque me sale del alma, y me da la real gana: ¡¡La única lengua que existe en Melilla es el castellano!!, siendo los demás idiomas extranjeros.

7

Leyendo, releyendo y consultando los datos de los libros aportados por la Biblioteca de Historia Militar, así como del archivo privado de José Luis Blasco, esta serie de cartas desde la Purísima era mi gran deseo de que salieran a la luz, después de tan heroicos hechos que llevó a cabo nuestro Ejército, en las distintas campañas.

Al leer el nombre del cabo Luis Molina, enterrado en el Osario del Panteón de Margallo, a mí me dio la impresión de que el muchacho se encontraba un poco cohibido y muy solo en estas páginas, todas llenas de generales, jefes, oficiales y cientos de soldados como él, con sus nombres y los dos apellidos, y en sus pechos sus bien ganadas condecoraciones.

Siendo, como es, un héroe, me ha parecido observar en él, las pupilas húmedas y dilatadas de sus grandes ojos, una señal como avergonzado, dulce y dócil, que a cualquier lector puede desarmar, como lo ha hecho conmigo. Por eso le he invitado a que escribiera unas líneas para todos nosotros, melillenses y amantes de nuestra historia.

Estoy seguro de que no existe más información sobre él, y por ese motivo, yo, desde estas líneas, le hago coger una pluma imaginaria para que se exprese como más le agrade, y dice así:

> *Queridos melillenses,*
>
> *Como habrán comprobado, soy solamente un humilde cabo de nuestro Glorioso Ejército. Mi nombre es Luis Molina, y deben disculparme si no recuerdo el apellido de la mujer que me trajo a la vida. Me da mucha pena, pero la verdad es que no lo recuerdo, como tampoco el pueblo donde nací —será por las heridas—, me dice un compañero.*
>
> *Lo que sí sé es que estoy en el Panteón de Margallo, junto a muchos compañeros. Algunos me dicen que el 18 de octubre de 1909 fue el día que me mataron los moros, pero no saben decirme el lugar exacto donde caí.*
>
> *Siempre ando de paseo con otro cabo de Infantería del Regimiento de Cazadores de Mérida, n.º 13, llamado Jacinto de Miguel*

Marcos. Él sí que sabe dónde lo mataron: fue en Sidi Musa, el 20 de julio de ese mismo año, y está enterrado junto a mí. Jacinto es un aragonés, de Huesca, muy noble, como la mayoría de los nacidos en esa tierra maña.

El pobre siempre me está dando ánimos: «Ves, Luisito, al menos ya figuras en los libros de Historia, como todos nosotros, junto a los generales y los laureados».

Y hablando de generales: si les dijera que el general Pintos me da un abrazo apenas lo saludo. Hay veces que me lo encuentro, mientras sube por las escaleras del Ángel, al atardecer.

Y también, de vez en cuando, se le puede ver con sus prismáticos de campaña, erguido, con su poblada barba, cómo su mirada la dirige al Gurugú, lugar donde cayó muerto por una traicionera bala enemiga, pudiéndosele oír, en voz baja, charlar con el que fuera ayudante de campo del general Marina, capitán de Infantería, D. Julián Morón Iglesias.

Mi amigo Jacinto me ha dicho que este capitán murió en el Hospital Militar a las doce y media de la noche del 28 de julio de 1909 a consecuencias de las heridas sufridas. También pasea con el teniente de la Disciplinaria, D. Alberto Molina Galano, hijo del general D. Luis Molina Oliver.

La verdad es que ya poco tengo que contarles; solo que de vez en cuando nos visitan los compañeros heridos, que fueron evacuados a Córdoba, Cartagena y Granada, y que murieron años después.

Desde estos patios, tan llenos de Historia, les doy infinitas gracias a los que hacen que nuestros nombres jamás queden en el olvido de la desidia.

Reciban, todos los que me han leído, un fuerte abrazo, ya que eso sí lo recordaré muy bien, mientras haya alguien que nos encienda la luz de la Gloria, y podamos caminar, con el sagrado honor como bandera, ganada para nuestra Patria.

Yo sé que para algunas personas, estas cartas son pasajes oxidados por el tiempo transcurrido, que solo conocen sus nombres por los rótulos de las calles de nuestra ciudad. Pero deben saber que todos ellos participaron en acciones admirables, donde se les exigió una valentía heroica, en defensa de nuestra cultura y de la españolidad de nuestra ciudad. Yo, modestamente, por medio de estas páginas, intento, con todas mis fuerzas, porque sé que es mi deber como melillense y español, limpiar ese óxido, impregnado de desidia, y darle el esplendor que estos héroes se merecen, desde que fueron enterrados en nuestro cementerio de la Purísima.

8

Estatua del comandante Julio Benítez Benítez en el Parque de Málaga.

Cuando por motivos de mi trabajo en Correos, y a petición mía, me trasladaron a esta ciudad de Málaga, donde resido, cada día que caminaba por una de las alamedas del parque, camino del edificio postal, siempre le daba, y aún sigo dándole la vuelta en redondo, a la estatua del comandante Benítez, para leer los nombres de los oficiales que, junto a él, cayeron en Igueriben. Dice la prensa de la época que la estatua, al principio, se inauguró en la plaza de Augusto Suárez Figueroa, en la actualidad de la Marina.

La carta que el comandante Benítez va a «escribir», según los historiadores, puede que sea desgarradora, por lo heroico de aquella situación. Y como la de todos los héroes y mártires, va dirigida a nosotros, los melillenses, y dice así:

Queridos melillenses:

Os escribo desde la fila 5.ª del Panteón de los Héroes de las Campañas, en el Cementerio de la Purísima. Como algunos ya sabréis, por la plaza que nació con el nombre de África, y que desde el 6 de diciembre de 1923 lleva mi nombre, soy el comandante del Regimiento de Infantería Ceriñola n.º 42, Julio Benítez Benítez. La verdad es que se ha escrito tanto de mi persona, como de los que caímos en la posición de Igueriben, que poco puedo aportar. Pero, no obstante, es mi deseo nombrar a los oficiales que cayeron conmigo, resistiendo con temple y valor, junto a nuestros soldados, los trágicos días de julio de 1921. Fueron, entre otros, el capitán Arturo Bulnes; los tenientes Alfonso Galán Arrabal, Manuel Castro Nuño, Ovidio Rodríguez, Justo Sierra, y el alférez Rafael Villanueva Hoppe; todos ellos de mi regimiento, Infantería Ceriñola n.º 42. Los artilleros: capitán De la Paz Orduña, y los tenientes Ernesto Nougués Barrera y Julio Bustamante. El de Intendencia era el alférez Enrique Ruiz Osuna. De todos los heliogramas intercambiados entre Annual y nuestra posición de Igueriben, el más trágico que me vi obligado a enviar fue el último despacho, y que todo el mundo conoce: «Solo quedan doce disparos de cañón, que empezaremos a disparar para rechazar el asalto. Contadlos y al doceavo disparo haced fuego sobre nosotros, pues moros y españoles estaremos envueltos en la posición». Me dicen que, cuando marchaba al frente de mis soldados, me hirieron en la cabeza; y un nuevo disparo en el corazón fue el motivo de mi muerte.

*Quedo muy agradecido de toda la gente que aún me recuerda,
lo que transmito a mis soldados, que tanto sufrieron y murieron por
nuestra Patria y por nuestra cultura, en aquellos aciagos días de julio
de 1921. Un abrazo con todo mi cariño.*

Julio Benítez

Dicen que la Cruz Laureada del comandante Benítez, a
petición de la familia, está depositada en la caja fuerte del Ayuntamiento. Si eso fuera cierto, creo humildemente que su lugar
debería ser en una vitrina, bien visible, del Museo del Ejército,
pero en Melilla, claro está. Así podríamos todos los melillenses y
visitantes observarla, con el honor y el respeto debido.

También hay que decir que D. Julio Benítez Benítez era capitán cuando cayó en Igueriben, y fue ascendido a comandante tras
su muerte. La laureada que luce en su pecho como comandante
es debido a la magia de la fotografía.

9

Los cementerios eventuales de los que fueron exhumados
los restos mortales para ser enterrados en el Panteón de Héroes
de la Purísima son Hardú, Casabona, Tahuima, Tauriat, Buchit,
Tumiat, Atlaten, San Juan de las Minas, zoco Hach, Tizz, Yasanen,
Tifasor, Xamar, 2.ª y 3.ª Casetas, Sidi Musa, Sidi Alí, Zaio, Ka-
dour, Izhafen, Rasmedua, Tautiat, zoco Arbaa, Restinga, Harcha,
Ya Dumen, Cabo Agua, Ait Camara, Igueriben, Tuguntz, Yebel
Ben Hidur, Sidi Hosain, Farna, Axdir, Mon Mimons, Agual,

JUAN JESÚS ARANDA LÓPEZ

Afsó, Annual, Buermana, Buhafora, Telatza, Quebdani, Tisingar, Timayast, Tar-Sarf, Kandussi, Sidi Mesaud, Yebel Udia, Posición B., Dar Busada, Reyen, Boquete-Eslef, Tizi Alma, Loma Roja, zoco T'lata, monte Arruit y Tasarut.

Yo sé de algunos melillenses que algunos fines de semana suelen viajar al país vecino. Desde estas líneas les recuerdo que cuando circulen por estos lugares, piensen que en cada uno de ellos murieron y estuvieron enterrados nuestros héroes, cuyos restos mortales fueron exhumados para ser depositados en el Panteón de Héroes de la Purísima. Y creo que en toda España no hay un lugar donde exista la inmensa memoria de fechas escritas con lágrimas y sangre, de tanto heroísmo por nuestra Patria.

Hay una frase que dice: «El pueblo que honra a sus héroes y a sus mártires se honra a sí mismo».

Como ya digo en anteriores cartas que nuestros héroes nos envían desde La Purísima, esta es la del corneta del Batallón de Cazadores de Figueras n.º 26, Cipriano Jiménez Jiménez, de veintitrés años, hijo de Manuel Jiménez de las Heras y de María Jiménez Martín. Nacido en Santa María de los Caballeros, provincia de Ávila. La carta de este corneta, que más bien era cornetín de orden, dice así:

Queridos melillenses:

Os escribo desde el Osario del Panteón de Margallo, junto a varios compañeros. Nací en la comarca de Santa María de los Caballeros, en la provincia de Ávila, y creo que mi madre me trajo a la vida en la aldea de Carrascalejo, situada junto a Navarregadilla, Los Cuartos y El Collado; todos pertenecientes al Partido Judicial de Barco de Ávila. A mí me mataron los moros en Sidi Musa, el

23 de julio de 1909, creo que fue el mismo día que al coronel D. Venancio Álvarez Cabrera. Un hombre muy querido por todos nosotros, y con un gran espíritu militar, pero de gran corazón hacia sus subordinados. Él sabe que, cuando lo mataron, lo ascendieron a general de brigada, de lo cual se siente muy orgulloso. Su entierro fue el sábado 24 de julio de 1909, al que toda Melilla acudió con fervor y solemne respeto. También se le puede ver, de vez en cuando, charlar con unos cuantos moros amigos, en su lengua, que creo es el árabe, que hablaba a la perfección. Yo sé que los diarios de la época se referían al coronel Álvarez Cabrera como hombre afable y bondadoso, y si me lo permiten, tanto mis compañeros como este que les escribe, podemos dar fe de ello. Cuando iba destinado a la Comisión Mixta de Reclutamiento de Almería, el general Marina, conocedor de sus grandes dotes militares, lo rescató para su traslado a Melilla. Todo esto que les cuento es lo que durante más de un siglo no hemos parado de comentar. Sobre mí, como ya sabéis, fui corneta en el Batallón de Cazadores de Figueras n.º 26, que muchos suelen llamarme Turuta. Con quien ando cada día de paseo por este jardín es con mi paisano, del mismo pueblo, Eustaquio Chapinal Jiménez, muerto el 30 de septiembre en el zoco Beni Bu Ifrur, y con Anacleto Arranz, de Castrillo del Duero, en Valladolid, también perteneciente, como Eustaquio, a mi mismo batallón. Anacleto murió en el Hospital Militar, a consecuencia de una infección por las heridas sufridas en el campo de batalla. El médico dijo que era una septicemia. El pobre lo pasó muy mal, pero al fin, el 5 de agosto, se reunió con nosotros; y aquí estamos escribiendo, entre los tres, una carta dirigida a todos vosotros, melillenses de buena fe, para que nos recordéis siempre. Mis amigos me dicen que hay muchos compañeros que están escribiendo cartas dirigidas a todos vosotros. Eustaquio, que es un pensador

*empedernido, cree que es debido a la tristeza que todos sentimos por
la desidia y el olvido de muchos compatriotas.*

*Sean cuales sean los motivos, con estas líneas, desde este precioso
jardín, yo me despido de ustedes con un fuerte abrazo, esperando sus
visitas, que tanto nos alegran a todos.*

Y como el corneta Cipriano Jiménez, yo les digo con la siguiente reflexión: «Gracias a los que están enterrados en nuestro cementerio, militares y civiles, muertos en tiempos de paz y de guerra, les debemos el disfrute de la españolidad, nuestra idiosincrasia y nuestra cultura en nuestra ciudad, Melilla, desde 1497».

10

En el barrio del Real, nombre dedicado al general D. Pedro del Real y Sánchez Paulette, existía una calle rotulada con la fecha 9 de Julio. Desde estas líneas le pregunto al responsable, o al que dirige el callejero de nuestra ciudad, con qué argumentos y qué criterios acordaron en el Pleno para retirar la placa donde figuraba esa fecha tan emblemática; y lo digo porque ese fue el día en que se oyó la cobarde e ignominiosa primera descarga de fusilería de la denominada Guerra del 9 o del Barranco del Lobo. Entonces yo preguntaba si no había calles en Melilla para colocar el de las Infantas. También, por qué no retiran los absurdos nombres de Napoleón o Mira al Puerto, por ejemplo.

Y volviendo a nuestra historia: eran las seis de la mañana cuando el capataz, D. Gregorio Otero, con trece obreros españoles, desde Melilla, se dirigían a la 2.ª Caseta por la vía del tren.

Apenas traspasaron las líneas de nuestro campo, se pudo oír una descarga, hecha desde una cañada, donde cayeron mortalmente heridos Emilio Esteban, Cristóbal Sánchez, Salvador Pérez y Tomás Almeida. Este último, que fue uno de los penados que se acogieron a la condición de liberto de la Ley, 22 de octubre de 1906, para circular libremente por la ciudad, es el que se dirige a nosotros y dice así:

Queridos melillenses:

Me llamo Tomás Almeida; soy un mulato cubano, de Matanzas. Os escribo desde el Panteón de Margallo, lugar donde resido desde el 9 de julio de 1909, junto a mis compañeros Emilio Esteban, Cristóbal Sánchez y Salvador Pérez, cuando nos asesinaron. Yo tenía entonces cuarenta y cinco años cuando me mataron los moros en las cercanías de Beni Enzar. Eran las seis de la mañana de aquel fatídico día cuando, junto a nuestro capataz, D. Gregorio Otero, nos dirigíamos por la línea del tren hacia la 2.ª Caseta, y un moro nos advirtió que muy cerca de allí, algunos cabileños de Quebdana iban a intentar un golpe de mano contra nosotros para hacernos prisioneros y canjearnos por los que el General del Real había aprehendido en Quet. Algunos minutos después, y sin previo aviso, nos sorprendió una descarga de fusilería, hecha desde una cañada, a pocos metros, donde caímos mortalmente heridos los compañeros que he citado y yo mismo. Creo que, en resumen, así fue la agresión hacia nosotros: obreros indefensos y desarmados, por los sicarios de Chadly de Mazuza y de Mizzián, gente que nos odiaban a muerte a todos los españoles. Esteban estaba casado y dejó viuda, con dos hijos; Cristóbal también estaba casado, pero sin hijos. Salvador me dice que era soltero, pero con una novia, y que lo mataron por la espalda, de varios disparos, mientras huía. Yo también estaba soltero y sin hijos, y caí de un disparo a bocajarro en el corazón, a dos metros de distancia; cosa que jamás pudimos entender de esa cruel agresión de que fuimos objeto. No se comprendía que a unos obreros desarmados e indefensos, que construíamos un puente para el ferrocarril, nos asesinasen tan cobardemente. Años más tarde, cuando trasladaron a este cementerio a los caídos de monte Arruit, Igueriben, Annual y las demás posiciones, sí que lo entendimos. Muchos de ellos llegaron con sus cuerpos mutilados y decapitados, y en sus rostros se podía ver el terror que les obligaron a padecer antes de morir lentamente. Nos contaron que en esos lugares, y en muchas otras posiciones, los moros de Abd el-Krim hicieron unas matanzas que quedaron marcadas trágicamente en los anales de la Historia de nuestra Patria, como el «Desastre de Annual». Si les digo que después de un siglo, aún sentimos una profunda emoción, vacía de odio y de venganza, hacia nuestros asesinos.

Sin otro particular, y esperando que no nos olviden nunca, desde estos jardines, nos despedimos de ustedes con un fuerte abrazo.

Como habrán imaginado, si unos obreros, indefensos y desarmados, que estaban construyendo un puente para el paso del ferrocarril, son vilmente asesinados por unas bestias, que son sicarios de jefes salvajes, llenos de proterviidad, y además que odian a los españoles hasta el paroxismo, ¿cómo debiéramos calificarlos?

II

Panteón del General Margallo.

El 20 de septiembre de 1909, en Taurit, sucedió el hecho bélico, más conocido como la famosa Carga de Taxdirt, mandada por el teniente coronel D. José Cavalcanti de Alburquerque Padierna, al frente del escuadrón de cazadores de Alfonso XIII. Como anécdota, sabrán que estaba casado con una hija de la escritora D.ª Emilia Pardo Bazán. Sin embargo, la carta de hoy la escribe el primer teniente de Infantería, del Batallón de Cazadores de Talavera, n.º 18, D. José Cerra Andino, y dice así:

Queridos melillenses:

Soy José Cerra Andino, primer teniente del Batallón de Cazadores de Talavera n.º 18. Les escribo desde la fila 5, n.º 12, del Panteón de Héroes de este Cementerio de la Purísima, donde resido desde el 20 de septiembre de 1909. Nací en Puerto Rico el 24 de octubre de 1879. Mis destinos al salir de la Academia Militar fueron: en 1898, en el 2.º Batallón de Covadonga n.º 40. Más tarde, en 1903, pasé al Batallón de La Palma n.º 20, en Santa Cruz de Tenerife, y el 25 de mayo de 1909, en el Batallón de Cazadores de Talavera n.º 18, con destino en Melilla, en Cabrerizas Bajas. Tenía veintinueve años cuando participé en la llamada Carga de Taxdirt, donde primero fui herido en la mano derecha, cuando protegía el repliegue de nuestras fuerzas; y a los pocos minutos, me hirieron en la pierna izquierda; pero apenas pisé tierra firme, una bala en la cabeza me dejó sin vida. Esto que os cuento, creo que viene en los libros de Historia y en los anales de nuestro ejército; pero yo, lo único que deseo, como todos los compañeros que nos encontramos aquí desde que Melilla es España, es que no nos olvidéis. Fijaos que nuestro jefe, el teniente coronel Cavalcanti, cada 20 de septiembre acude a Melilla desde San Sebastián, ciudad donde murió en 1937. Pasa todo el día con nosotros, y se le ve, al hombre, que desearía estar con sus soldados. Observa y nos comenta lo moderno que es nuestro Ejército en la actualidad, aunque ahora se le llame Fuerzas Armadas. A veces nos damos una vuelta por el lugar donde caímos, hace ahora, exactamente, 116 años. No se pueden imaginar lo felices que somos cuando observamos a tanta gente que se acercan a nuestro panteón para rezar por nuestras almas. Quiero que sepan que cuando nuestros visitantes abandonan este jardín por la escalinata, hacia la calle, podemos apreciar que llevan consigo nuestra última verdad, el profundo amor a la Patria, ya que le ofrecimos lo más preciado que poseíamos: nuestras vidas, porque el que entrega el alma y la da por entero, con toda modestia, no pretende que se lo agradezcan, ni que le devuelvan nada. A todos ellos les damos infinitas gracias, y ustedes reciban un fuerte abrazo, con todo el cariño, de este teniente que luchó porque nuestra ciudad siga siendo España.

Bueno, como se ve que su humildad está a flor de piel, yo les diré que a este héroe, por su gesta en Taxdirt, le concedieron la Cruz de 2.ª Clase de la Real y Militar Orden de San Fernando, por Real Orden, de 16 de diciembre de 1912.

También, y como siempre, deseo recordarles el aporte desinteresado con infinidad de datos de mi buen amigo D. José Luis Blasco, Enciclopedia de Historia Viviente de nuestra ciudad.

12

Una calle lateral de la Comandancia General, perpendicular a Luis de Sotomayor, está rotulada con el nombre del cabo Alonso Martín. La hazaña heroica de este cabo es merecida que los melillenses sepan cuándo sucedió, y el motivo por lo que nuestro monarca, Carlos III, lo ascendió a sargento. Este militar es el que nos escribe hoy, y dice así:

Queridos melillenses:
Como veo que de un tiempo a esta parte, muchos de mis compañeros que cayeron en defensa de nuestra ciudad a principios del siglo XX os están escribiendo cartas para que no se nos echen en

olvido nuestras hazañas, yo pienso, con toda mi humildad, que los que cayeron en el famoso Sitio de Melilla (1774-1775) también se han reunido para escribiros, y mira por donde, a mí me ha tocado la suerte de dirigirme a ustedes. Mi nombre es Alonso Martín Sánchez, y fui cabo de las compañías fijas. Nací en Turón, en el valle de Lecrín, en las Alpujarras Granadinas. Como sabrán, mi nombre está rotulado en una calle de Melilla, cosa que me siento muy honrado y feliz. Creo que el motivo de ese gesto tan emotivo para mí, que tuvieron las autoridades de la ciudad, fue que el día 8 de enero de 1775 salí voluntario con doce hombres de los desterrados, todos de reconocido valor, dirigiéndonos a la Puntilla, donde los moros estaban haciendo una contramina para atacar las murallas de la ciudad, cuya tierra la echaban hacia el mar. Unas cuatro toesas (unos ocho metros) era la distancia que había desde esa contramina al Fuerte del Rosario. Nosotros, después de abatir a los centinelas, echamos cuatro bombas de nueve pulgadas por los agujeros. Al salir los moros despavoridos de su encerrona, entre los cañones de la ciudad, los de la Fragata Santa Lucía, que se encontraba cerca, y nuestros disparos, y los de los fuertes de Victoria Grande y Chica, Rosario y San Antonio, nos cubrieron hasta nuestra llegada a la Plaza. Por ese hecho a los desterrados les perdonaron sus penas de presidio, y a mí, Su Majestad Carlos III, me ascendió a sargento. Lo que sí deben saber es que ese mismo día, los moros muy encolerizados por la derrota sufrida, por el golpe de fuerza llevado a cabo por nosotros, bombardearon con tanta furia la ciudad, que debido a ello, murieron: José Soline, soldado granadero del Regimiento de Nápoles; Matías Torrijo, soldado del Regimiento de la Princesa; Baltasar Giner, del Batallón de Ligeros de Cataluña, y el desterrado de la Maestranza, Francisco Madrigal. A título personal, tengo que decir que me casé con María López, y llegamos a tener siete hijos. El día 8 de julio de 1805 fue la fecha de mi fallecimiento en Melilla, y me enterraron en el Cementerio de la Iglesia de la Purísima Concepción, en lo que ustedes suelen llamar: «Melilla la Vieja».

Sin más que decirles, me despido de ustedes con un fuerte abrazo, rogándoles que piensen en los cien días que el emperador de los moros nos tuvo sitiados, y en los que cayeron dentro de las murallas; pero ya ven que a pesar de ello, nuestra ciudad, Melilla, sigue siendo España.

Y yo digo: «*Per secula seculorum*, ¡amén!».

No sé cómo les sentará a los políticos, descendientes de aquellos sitiadores, algunos de la Guardia Negra, lo que un humilde cabo español de las compañías fijas del siglo XVIII ha escrito al respecto. Porque si llaman hecho de armas a la Conquista, o a los fastos que Melilla celebra en las fechas en que estuvo ocupada por el emperador marroquí, yo les digo que esa opinión es una solemne falacia. Para todos los melillenses de buena fe, y que sientan el ser español corriendo por sus venas, deben saber que por una disposición especial de fecha 2 de septiembre de 1775, se asignó una suma de seiscientos reales de vellón para que, en todos los años, se hiciese en la Iglesia de la Purísima Concepción de Melilla, con toda la solemnidad: tres capas (misa con tres curas), *Te Deum*, sermón, volteo doblado de campanas y desfile de la guarnición, una función religiosa a San José, en conmemoración del Levantamiento del Sitio, el 19 de marzo de 1775.

13

Si leen los nombres Tomás Mayor Bailón y Raimundo Mata Santos, creo que no les dirán nada, pero si yo les digo que fueron dos soldados de Infantería del Batallón de Cazadores de Llerena n.º 11, que cayeron heroicamente en el Barranco del Lobo el 27 de julio de 1909, ya les dará que pensar un poco. Pues bien, el soldado Tomás Mayor, en su nombre y en el de su compañero Raimundo Matas, es el que hoy nos escribe, y dice así:

Queridos melillenses:

Soy Tomás Mayor Bailón, y pertenezco al Batallón de Llerena n.º 11. Estoy junto a mi compañero de mi mismo batallón: Raimundo Mata Santos. Los dos nos encontramos en el Panteón de Margallo, de este cementerio. Raimundo me dice que como tiene la caligrafía muy rara, debo ser yo el que me dirija a ustedes en nombre de los dos. Debo decirles que a ambos nos mataron los moros el 27 de julio de 1909, en el fatídico Barranco del Lobo, cercano al de Alfer, en el Gurugú. Ese mismo día caímos muchos españoles pertenecientes a los batallones: Barbastro, Arapiles, Figueras n.º 6, Las Navas, y nosotros los del Llerena. Todos de la Brigada Pintos, llamada así por el general D. Guillermo Pintos Ledesma.

Hace unos días, uno de nuestros compañeros nos comentaba que el que fuera director de la Banda de nuestro Regimiento, D. Pascual Marquina, compuso el pasodoble: «Cazadores de Llerena», cosa que si algún año la banda militar con guarnición en Melilla tuviera a bien interpretarla junto a nuestro Panteón, no saben ustedes lo agradecidos que les estaríamos todos. Me dicen que es muy bonita y con gran marcialidad. Tengo que decir que al llegar aquí, entre otros jefes y oficiales, nos estaba esperando el teniente coronel del Regimiento de Infantería, Melilla n.º 59, D. Federico Julio Ceballos, caído a las cinco de la tarde del 18 de julio, nueve días antes que nosotros, en los puntos de Sidi Ahmed el Hach, Sidi Musa y el Atalayón. Él reside en nuestro mismo Panteón, en el nicho n.º 1 de la fila n.º 1.

Muchas veces, en nuestras reuniones que hacemos en este hermoso jardín, comentamos lo agradecidos que les estamos a las personas anónimas que vienen a rezar por nuestras almas. Mi amigo Raimundo me dice que les transmita un fuerte abrazo a todos ustedes. Yo digo igual, pero muy especialmente a todas las madres, como las nuestras, que perdieron a sus hijos defendiendo el honor por la Patria.

Yo me he estado imaginando a nuestros héroes, Tomás Bailón y Raimundo Mata, asomados a la barandilla del Bonete (faro del pueblo), como en la proa de un gran velero, cabalgando entre las rocas de Trapana y la Boca del León, gritando a los cuatro vientos: «¡Melilla, es España!».

14

Como ya refiero en anteriores cartas, los nombres de todos los héroes son tomados de los libros de la historia de nuestra ciudad. Este, que hoy escribe, lo he tomado de la *Colección Historia de Melilla, n.º 3. Caballeros laureados de San Fernando, caídos en la zona oriental, durante las campañas de Marruecos, 1893-1927*, de Miguel Ballenilla y García de Gamarra, que, como siempre, mi buen amigo D. José Luis Blasco, en su etapa de presidente de la Asociación de Estudios Melillenses (AEM), me lo obsequió, siendo desde entonces uno de los libros de cabecera para consultas. El que escribe hoy es un teniente de Caballería. Y creo que es mejor que sea él quien se dirija a ustedes:

Queridos melillenses:

Me llamo Miguel Rodríguez Gálvez, y les escribo desde el Panteón de Héroes en este Cementerio de la Purísima. Cuando los moros me mataron, el 17 de abril de 1917, era teniente de Caballería con destino en la Policía indígena. El hecho ocurrió cuando iba al frente de 25 askaris (soldados) con destino a la avanzadilla del Chuaket, donde diariamente se dejaba montado un servicio que se retiraba al amanecer. Poco antes de llegar a la posición, pudimos advertir la presencia del enemigo, que estaba parapetado en la misma posición, recibiéndonos con una dura descarga, en la que caí herido. No obstante, entre todos, pudimos desalojar a los moros, dejando montado el servicio de vigilancia. Dicen las crónicas de la época que fallecí en la cresta de la posición, junto a varios de mis soldados. Por otra parte, tengo que decir que el cabo de mi policía, Buzzián Al-Lal Gatif, fue el que me recibió, junto a los soldados que murieron con él, sin explicarme cómo pudo saber mi llegada al cementerio, si su cuerpo no lo encontraron nunca. Seguramente fue Munana, como me dijo el que lo trasladó del lugar desconocido donde reposan sus restos, hasta este jardín. A este Maun (cabo), lo mataron, junto a sus cinco soldados, cuando lo defendían con bravura, en el puesto de Ifrit Bucherit, en la noche del 21 al 22 de marzo de ese mismo año, o sea, un mes antes que a mí. Luego supimos que a ambos nos concedieron la Cruz Laureada de San Fernando. La de él, muy merecida por su heroísmo, fue la primera que se otorgó a un indígena en las Campañas de Marruecos. Junto a este cabo, que ha venido a mi llamada, luciendo los dos en nuestros pechos la laureada, para saludarles y despedirse de ustedes.

Reciban de ambos un fuerte abrazo, con todo nuestro cariño, pensando siempre en la españolidad de nuestra ciudad.

Como habrán observado, a este policía indígena le concedieron la más alta condecoración que España otorga a los héroes que dieron sus vidas por la Patria. Por ello, nosotros, con nuestras voluntades, debemos tejer una gran corona del laurel de la victoria y ofrecérsela para la eternidad, para que nuestra ciudad siga siendo España.

15

Esta carta que escribe un cabo del Regimiento de Infantería Melilla n.º 59, lo hace junto a varios compañeros de su unidad, y la verdad, como todas las anteriores, es muy emotiva. Lo es porque también ellos participan en el relato. Este cabo nos dice así:

Queridos melillenses:

Me llamo Leandro Bueno Clemente, y soy cabo del Regimiento de Infantería Melilla n.º 59. Soy jornalero, pero sé escribir. Nací en Bonete, en la provincia de Albacete, hace ahora 23 años. Os escribo desde el Panteón de Margallo, aquí en la Purísima, donde resido desde el 18 de julio de 1909, que fue el día en que me mataron los moros en Sidi Ahmed el Hach. Tengo a mi lado a un soldado tocayo, que se llama Leandro Bernal Gil. Es un aragonés de Mosqueruela, en la provincia de Teruel, y me dice que como tiene la caligrafía muy fea, no se atreve a coger la pluma, pero ya lo hago yo por él. Mi tocayo tiene 22 años, y fue muerto con heroísmo en Sidi Musa, el 23 de julio de 1909.

También están a mi lado dos cabos de mi regimiento, pero estos, desgraciadamente, tampoco pueden escribir; el motivo es porque tienen las manos muy malheridas. Uno es José Bañús Marcos, con veintidós años cumplidos, también es jornalero, de Albanilla, en la provincia de Murcia. Murió en el Hospital Militar el 23 de julio de 1909. El otro es Miguel Aznar Fraj, también con 22 años, labrador, y también mañico, como el de Mosqueruela, nacido en El Villarejo, en la provincia de Teruel, que a pesar de sus dolencias y amarguras, no paran un momento de cantar las jotas del terruño. Este cayó herido de muerte, también en Sidi Musa, el mismo día que Bañús. Así que, como verán, los cuatro pertenecemos al mismo regimiento, el Melilla 59. Hace un momento ha pasado cerca de nosotros nuestro capitán, D. Gabriel Gil Sánchez, y al levantarnos para saludarlo, con su mano izquierda en el tórax, que fue donde le hirieron de muerte, con la derecha nos ha sonreído, indicándonos que permaneciéramos sentados. A este gran hombre, cargado de cruces y medallas, lo mataron los moros cuando estaba al frente de sus soldados, el 23 de julio de 1909. El capitán Gil está enterrado en el Panteón de los Héroes, fila 3, n.º 15.

La verdad es que sentimos que, sin otra cosa más que decirles, nos despedimos de todos ustedes, con un fuerte abrazo, recordándoles siempre la españolidad de nuestra ciudad, ya que en su defensa, todos los que participamos en la misma, estamos descansando en este precioso jardín.

Como verán, unos soldados que fueron labradores y jornaleros; hombres sencillos como estos cuatro muchachos, que vinieron a luchar por la españolidad de nuestra ciudad, y que cayeron heroicamente en la defensa de la misma, creo que habría que hacerles un gran homenaje. Yo, como hombre corriente y amante de la Historia de mi ciudad, propongo a los políticos de turno que se mojen, olviden votos y urnas y soliciten a quien corresponda la denominación de nuestro cementerio como Cementerio Nacional de Héroes de España Purísima Concepción de Melilla. Porque, ¿quién puede negar que en esas tumbas y panteones silenciosos están enterrados los restos de miles de españoles que durante más de cinco siglos defendieron nuestra españolidad? Así que ya lo saben, señores de la política. Muévanse y hagan algo al respecto, que esta es la enésima vez que se lo reclamo. Aunque no sé si los actuales gobernantes estarán dispuestos, ya que son los mismos que rehúsan acudir a los fastos de la Conquista de 1497 y del Sitio de 1774-1775.

16

19. - MELILLA. - Mausoleo a los Heroes de la Campaña

Vista principal del Panteón de Héroes en 1915, con la diosa Niké instalada.

Esta carta está escrita por dos malagueños: uno es de Casarabonela, en el valle del Guadalhorce, y el otro de Gaucín, un pueblecito de la Serranía de Ronda. Según consenso entre ambos, quien escribe es el de Gaucín, y además porque es cabo, dice, y es el que sabe expresarse mejor, y dice así:

> *Queridos lectores de este periódico, y muy especialmente a todos los melillenses que acuden, de vez en cuando, a rezarnos alguna oración al cementerio:*
> *Me llamo Francisco Machado Jiménez, y soy cabo del Batallón de Infantería de Cazadores de Cataluña, n.º 1. Nací en el pueblo de Gaucín, cercano al de Genalguacil y Benarrabá, en la misma Serranía de Ronda. Debido a las heridas sufridas en el campo de*

batalla, fallecí en el Hospital Militar el día 5 de octubre de 1909, a las 7 de la tarde. La herida que me causó la muerte la escribió el médico militar, en el parte de defunción, con un nombre tan raro como meningoencefalitis traumática.

Cuando me trajeron al Osario del Panteón Margallo, me estaba esperando el soldado de mi mismo batallón, y además paisano mío, de la misma provincia, ya que nació en Casarabonela, pueblo situado en el valle del Guadalhorce, junto a Carratraca y Alozaina. Él está enterrado en el Osario General, y se llama Alfonso Luque Florido, soldado perteneciente a mi mismo batallón. Ambos nos encontrábamos en el hospital, y como ninguno de los dos podíamos hablar: él por las fiebres del tifus y con calentura muy alta, delirando siempre, y yo con la cabeza destrozada, solo sabíamos que estábamos juntos y que en pocos días nos reuniríamos en la Purísima, junto a los demás soldados caídos en todas las campañas habidas contra los moros, durante siglos. Cuando él murió, a las 6 de la mañana del 18 de septiembre del mismo año, la pena que me afligió cuando se lo llevaron a enterrar, se convirtió en franca alegría cuando me recibió, con un abrazo, a las puertas de la Purísima. Él tenía veintidós años y yo veinticuatro, y créanme si les digo que, a pesar de permanecer, para el resto de nuestras vidas, en estos osarios, los dos nos sentimos llenos de orgullo de pasear junto a tantos héroes, que dieron sus vidas por defender este trocito de España, como es nuestra ciudad, y digo nuestra, porque tanto Alfonso como un servidor de ustedes nos sentimos melillenses, como españoles que somos.

Sin más que decirles, nos despedimos los dos, con un fuerte abrazo, extensivos a los compañeros que se llevaron a la península, para enterrarlos en sus pueblos, donde nacieron.

Como habrán comprobado, estos dos soldados de la provincia de Málaga, como todos los que cayeron en las campañas del Rif, se dirigen a nosotros como compatriotas y con la humildad que siempre les ha caracterizado.

17

Marbella, como hoy todo el mundo la conoce, no se parece en nada a la de hace más de un siglo, cuando los quintos nacidos allí, como en cualquier lugar de España, debían incorporarse al servicio militar para servir a la Patria. Entonces era un pueblo costero, de pescadores, de unos ocho mil habitantes, pionero de la siderurgia española. Yo recuerdo que, en los años sesenta, aún existía una cinta transportadora, que cruzaba la Nacional 340, desde una mina cercana hasta un muelle, donde los barcos cargaban el mineral.

Hoy me voy a referir a dos de esos soldados: Juan Céspedes Mata y José Civajas Treviño. Este pertenecía a la 2.ª Compañía del Batallón de Tarifa n.º 5, y aquel a la 3.ª Compañía del Batallón de Segorbe n.º 12. Estos batallones pertenecían a la 2.ª Brigada Mixta de Cazadores, al mando del general D. José Morales, y como jefe de Estado Mayor, el comandante D. Gerardo Sánchez Monje.

El que escribe la carta de hoy es José Civajas Treviño, y dice así:

Queridos melillenses:
Soy José Civajas Treviño, y tengo veintitrés años. Os estoy escribiendo desde la fosa común, en el Cementerio de la Purísima. Soy

soldado de la 2.ª Compañía del Batallón de Cazadores de Tarifa, n.º 5. Nací en Marbella, en el barrio de la Fontanilla, un pueblito costero de la provincia de Málaga que, por lo visto, en la actualidad, debido al turismo, ha cambiado tanto, que apenas lo reconocería, por lo bonito que está. Yo fallecí, en el Hospital Militar, a las 9 de la mañana del día 25 de noviembre de 1909, de una gripe muy fuerte, y me hallo en la fosa común, junto a los demás compañeros que cayeron bajo las balas de los moros, que es el lugar donde me he decidido a escribiros. A mi lado tengo a un paisano mío, que nos conocemos desde niños, y se llama: Juan Céspedes Mata, nacido en la calle Muro, muy cercana a la Plaza de los Naranjos, el que siempre se ríe de todo y con todos. Este, en la vida civil, era jornalero, como yo. Tenía veintidós años cuando, a las 12 de la mañana del 12 de septiembre de 1909, fue muerto en la Segunda Caseta, por una bala de los moros. Me dice que, como tiene el brazo herido, y no puede coger el lápiz, que lo haga yo. Como sé que no sabe leer ni escribir, para que no se ofenda, yo lo hago de buen grado, porque, aparte de ser un buen compañero durante nuestra corta vida militar, fue el que me recibió aquí, en la Purísima, el día que me trajeron. Él se encuentra en el Panteón Margallo, y yo en la fosa común. Pero, como algunos de nuestros compañeros comentan: «¡Qué importa que nuestros restos se encuentren a pocos metros de distancia, si nuestras almas estarán juntas toda la eternidad!». Lo que sí os ruego, es que, cuando visitéis a algún familiar, y paséis junto a nosotros, recéis una oración por todos los que descansamos en este precioso jardín. El que no sepa, o no desee rezar, que se detenga un minuto y nos brinde una sonrisa, o un: «¡Hola, muchachos!». Solo nos conformamos con eso, una sonrisa. Tengo que decir que las almas de muchos de los compañeros que embarcaron tras finalizar nuestra Campaña de

1909, en los vapores Mahón, ciudad de Cádiz, Rabat, Villarreal y Delfín, acuden, de vez en cuando, desde los lugares donde reposan sus restos, para charlar de aquellos tiempos tan penosos, pero tan gloriosos para nuestra Patria, ya que le ofrecimos lo más preciado que poseíamos: nuestras vidas.

Sin nada más que deciros, tanto Juanito Céspedes como yo, Pepe Civajas, os enviamos un fuerte abrazo, con todo nuestro cariño, con la esperanza de que no nos olvidéis nunca.

Yo sé que estos dos marbellíes, héroes de la Campaña de 1909, como todos los que reposan junto a ellos —desde los generales hasta el último turuta de cualquier regimiento—, sus almas están y estarán siempre presentes en los fastos del mes de septiembre, como en todos los venideros, supliendo, con todo el orgullo de patriotas, a los nuevos españoles oriundos del Rif que jamás han acudido a estas celebraciones, aduciendo ser hechos de sangre. No les he colocado comillas a las palabras españoles oriundos, porque se las dejo a la elección del lector. Me refiero a la Conquista de la Ciudad por D. Pedro de Estopiñán.

18

Antes que nada, quisiera dejar claro una cosa, que ya un amigo me ha recomendado que escribiese, y es que cuando escribo la palabra moro para nada quiero hacerlo peyorativamente, ya que de las quince acepciones que tiene nuestra RAE sobre esa palabra, me refiero: Al natural del África septentrional, frontera con España, donde estaba la antigua provincia romana de Mauritania.

¿Aclarado? Pues dicho esto, y para que las susceptibilidades queden disipadas, vamos a la carta que tres cabos del Batallón de Cazadores de Llerena, n.º 11, nos dirigen. El que escribe es Manuel Luque Cabello, y dice así:

Queridos melillenses:

Me llamo Manuel Luque Cabello, y os escribo, en una tarde soleada, desde el Osario del Panteón de Margallo, saludando a la diosa Niké, el llamado Ángel de bronce; estatua que mira a los lugares donde tantos españoles perdimos la vida en defensa de este trocito de España en África; y que está precioso, desde que lo han puesto hecho un pincel. Cuando los moros me mataron, pertenecía al Batallón de Llerena n.º 11. Fue en el zoco Jemís de Beni Bu Ifrur, el 30 de septiembre de 1909; y me registraron en la lista de los caídos en noviembre de ese mismo año. Junto a mí están mis compañeros de Batallón, los cabos Eduardo Mancha Chaynan y Antonio Martínez Alonso. Me vais a perdonar si no os digo los lugares donde nacieron. Yo sé que los historiadores que han indagado en nuestros pueblos no han logrado saber dónde vinieron a la vida estos compañeros. Lo que sí puedo asegurar es que yo nací en Puente Genil, en la provincia de Córdoba, y perdonen la inmodestia, pero es donde existe la carne de membrillo más rica de España. Tenía veintiún años cuando los moros me mataron.

También por el acento de mis compañeros, en su habla, me imagino que deben haber nacido y criado por las tierras de Andalucía. Eduardo tiene un deje como de Málaga, y Antonio, bueno, ese más bien es de Granada, porque entre los dos siempre andan, con que, si «tú eres de la tierra de la mala follá», y que si «tú eres un merdellón perchelero» (del barrio del Perchel de Málaga). Pero siempre acaban correteando por estos patios, y preguntando a todos los que se encuentran si saben los lugares donde sus madres los parieron. A cada momento pasan por la fila 1, n.º 6 del Patio de Héroes, donde está enterrado D. Rafael Moreno de Guerra y Alonso, nuestro capitán de Batallón, que es un poco mayor que nosotros, con solo veintinueve años, y siempre con ganas de guasa, les dice que sus padres vienen de vez en cuando, pero como ellos siempre están de «cancaneo» de aquí para allá, no los encuentran nunca. Yo sé que algún día esos padres, como ahora hacen los míos desde Puente Genil, los visiten y sonrían con la alegría propia de nuestros seres más queridos.

Sobre nuestro capitán, Moreno Guerra, tengo que decir que nació en Puerto Real, en Cádiz, y que sus padres fueron el capitán de Navío, D. Antonio Moreno de Guerra y Cróker, y su madre: D.ª Esperanza Alonso Sanjurjo. Fíjense que sus restos no los encontraron hasta dos meses después de su muerte, acaecida el 27 de julio en las estribaciones del Gurugú, en el Barranco del Lobo, el 28 de septiembre.

Y como ya nos estamos poniendo un poco tristones, nos vamos a despedir con un fuerte abrazo, extensivo a todas las personas que nos visitan y nos recuerdan con una oración. También les enviamos un beso a todas las madres que sufrieron nuestras pérdidas cuando defendíamos la españolidad de Melilla.

Como habrán comprobado, todas estas cartas son redactadas por algunos héroes que permanecen enterrados en la Purísima. Con mi ortografía fonética, intento acercarme a la pronunciación de cada uno de ellos, transmitiendo toda la carga histórica real con la necesaria información, contrastada de libros obtenidos de historiadores de prestigio. Y siempre con argumentos objetivos. Porque, la verdad: ¿Quién puede dudar que las almas de estos héroes no son refulgentes estrellas que, desde estos doce kilómetros cuadrados, irradian, brillando, en todo el suelo de nuestra Patria?

19

Diosa Niké (cariñosamente, el Ángel del Cementerio).

Cuando ustedes leen los nombres de los soldados que escriben estas cartas, sé lógicamente, y con toda seguridad, que estos no les dicen nada, porque fueron soldaditos anónimos que vinieron a nuestra ciudad a defender nuestra cultura y la españolidad que nos caracteriza. El que hoy nos escribe es un soldado, acompañado de dos cabos, que murieron gloriosamente en 1909, cerca de nuestra ciudad, y creo que es el soldadito el que se ha prestado a redactar la carta, y bien que se merece que esta sea leída por ustedes, y dice así:

Queridos melillenses:

Me llamo Juan Navas Aylagas, y les escribo desde el Osario del Panteón Margallo. Pertenecí, como soldado, al Batallón de Cazadores de Barcelona n.º 3, y nací en Nafría de Usero, un pueblecito de la provincia de Soria. En la actualidad, se ha puesto muy bonito, y con más calles y edificios de nueva construcción. Claro que después de más de un siglo, como todo en España, algo ha cambiado. Creo que mi madre me trajo a la vida en una de esas calles, entre Mayor y de la Iglesia. Los moros me mataron el 22 de julio de 1909, cuando contaba 23 años, y me registraron en la lista de los caídos en el mes de septiembre.

Tengo junto a mí a dos cabos, que fueron los que me recibieron aquí en la Purísima, ya que fue el 20 del mismo mes de julio, el día en que cayeron por las balas de los moros. Uno es José María Jiménez Jiménez: cabo de Infantería, del Batallón de Cazadores de Mérida, n.º 13. A este lo mataron, cuando tenía veintidós años, en la playa cercana a la Segunda Caseta, y también sus restos están en mi mismo Osario, del Panteón de Margallo. Es un riojano nacido en Cervera del Río Alhama, pueblo cercano a Cabretón e Inestrillas, y poco orgulloso que anda, el tío, con su pueblo. El otro, también cabo, es Justo Lafuente García, del mismo Batallón que José María, muerto el 20 de julio en el reducto de Sidi Musa, cuando tenía veintitrés años. Este había nacido en Lierta, en la provincia de Huesca, pueblo situado entre Puibolea y Nisano.

A veces, los tres, nos reunimos en las murallas de este bonito jardín, y por las mañanas, si es que hace buen tiempo, nos dedicamos a leer los nombres de muchos de los que caímos en todas las guerras habidas en defensa de esta ciudad tan bonita, porque la verdad es que la tienen ustedes muy maja. Algunos de estos nombres los conocemos, porque son compañeros que juntos luchamos en esos barrancos.

Desde estas líneas, los tres deseamos que no nos olviden a ninguno de los que estamos enterrados, ni tampoco a los desaparecidos en esos campos del «Dolor y de la Gloria».

Queridos melillenses: son ustedes los únicos en quienes depositamos nuestras esperanzas, rogándoles que al visitarnos, el que lo desee, con una sonrisa, haga un pequeño Gloria Patri en nuestro recuerdo. Siempre les estaremos eternamente agradecidos.

Desde estas escaleras y mirando a la diosa Niké, nuestro Ángel de bronce, nuestro guía, reciban un fuerte abrazo con todo nuestro cariño.

Bueno, yo creo que estos soldaditos se han ganado esa oración a su recuerdo. Y el que no desee rezar, que no lo haga, pero al menos, ¡por favor!, sonríales, con todo el cariño y el agradecimiento, por haber entregado sus vidas en defensa de la Patria, y por ende, de nuestra bonita ciudad.

20

Cuando yo era un *chaveílla* de apenas diez años, mi madre solía llevarme al cementerio para visitar la tumba de su padre. Mientras ella limpiaba la losa y rezaba sus oraciones, yo deseaba que terminase pronto para visitar la tumba con la estatua, en mármol, de una niña desnuda, arrodillada en un cojín, con el dedo de una mano, aparentemente cortado y pegado su trozo. Decían que murió de tétanos. A veces solía despistarme entre las tumbas y nichos, cercanos a la capilla, de militares de alta graduación, leyendo fechas y lugares con nombres extraños donde perdieron sus vidas; trasladándome a aquellos años trágicos, pero llenos de gloria para nuestra Patria. Hoy lo hago desde estas páginas, deseando que todos los que me lean sepan que en mi ciudad existe un Cementerio Nacional de Héroes de España, donde están enterrados miles de españoles que dieron sus vidas para que nuestra ciudad siga siendo España.

Hoy quien escribe es un soldado gallego, junto a dos compañeros, pertenecientes los tres al Regimiento de Ceriñola n.º 42, y dice así:

> *Queridos melillenses, compatriotas:*
>
> *Me llamo Jesús Castañero Oseira, y tengo 21 años. Os escribo desde el Osario General, aquí en la Purísima. Mi oficio es serrador, y nací en Abadín, cercano a Fanoi, en la provincia de Lugo. Pertenezco al Regimiento Ceriñola n.º 42, al que una década después, los compañeros de las quintas de los años veinte (Desastre de Annual) nos dijeron que los moros les llamaban «Los Ceriñolos».*
>
> *A raíz de unas fiebres tifoideas, contraídas en el frente, caí muerto en el Hospital Militar a las 8 de la mañana del día 13 de noviembre de 1909. Tengo a mi lado a dos compañeros, paisanos, gallegos, y de mi mismo regimiento, que también desean que sepáis que murieron de la misma enfermedad y en el mismo lugar que yo. Ellos se llaman: Luis Domínguez Pazos, tiene veintitrés años, y nació en un pueblecito de Lugo, llamado Santiago. Me dice que no se me olvide de escribir que es labrador. Este falleció a las 2 de la tarde del 21 de diciembre de 1909. El otro se llama José Fabio Rodríguez; también tiene veintitrés años, y nació en la aldea de Rioviejo, cercana a Barqueira, en la provincia de La Coruña; y reside en este Osario desde las 5 de la tarde del 4 de diciembre de 1909, hora y fecha en*

que cayó junto a sus compañeros. Mientras que me debatía por la fiebre tan alta, yo escuchaba a los médicos que muchos de nosotros teníamos una fuerte hemorragia, debido a una perforación intestinal. Más tarde, nos enteramos que esa enfermedad se llama Ebert, por el médico que la descubrió.

Como les estoy entristeciendo un poco, les pedimos disculpas, los tres, y les decimos, igual que los compañeros que escriben en anteriores cartas publicadas en este mismo periódico: ¡No nos olviden nunca, por favor! Nuestros jefes y oficiales nos dan muchos ánimos, y dicen que nuestros nombres estarán siempre en las listas de los héroes.

Sin otra cosa que decirles, reciban un fuerte abrazo, y tengan presente que jamás olvidamos el motivo de descansar en este jardín, ya que fue lo más sublime para un soldado, y es dar la vida por la Patria, y como era natural en aquellos años, por Melilla.

Bueno, no sé ustedes, yo sí leo esta carta de unos soldados que cayeron, por heridas o por enfermedades contraídas en el frente de batalla, en defensa de la ciudad en que vine a la vida, tan española como lo pueda ser Albacete o Jaén, la verdad es que me emociono, como lo estoy ahora, aunque sea el autor de la misma. Por eso mismo a este galleguito le doy un fuerte y virtual abrazo con todo mi cariño.

21

Esta carta la escribe el capitán laureado D. Antonio Ripoll Sauvalle, junto al segundo teniente, también laureado, D. Isidoro Odériz Domínguez, héroes ambos en los combates de septiembre de 1909, en el zoco Jemís de Beni bu Ifrur. El capitán Ripoll dice así:

Queridos melillenses:

Como habrán comprobado por los libros de Historia Militar, mi nombre es Antonio Ripoll Sauvalle, y nací en Cartagena el 22 de enero de 1881. Soy capitán de Infantería del Batallón de Figueras n.º 6, y les estoy escribiendo desde las Escaleras del Ángel, en el Cementerio de la Purísima, Panteón de Héroes, fila 1, n.º 1. Cuando tenía 28 años, me mataron los moros el 30 de septiembre de 1909, en el zoco Jemís de Beni bu Ifrur. Yo estaba felizmente casado y con dos hijos preciosos. En la Campaña de Filipinas perdí la mano izquierda, y una vez pasado el trauma de la invalidez, solicité mi permanencia en el Ejército. Cuando ya me encontraba muerto en el campo de batalla, cercano a unas chumberas, los moros descolgaron mi mano postiza de aluminio y se la llevaron, creyendo que era de plata. Buen chasco se llevaron aquellos saqueadores-depredadores. Años más tarde me dijeron que se encuentra expuesta en el Museo del Ejército. Buen sitio es, lo que me llena de honor y de orgullo.

Junto a mí tengo a Isidoro Odériz Domínguez, segundo teniente de Infantería del Batallón de Cazadores de Chiclana, n.º 17. Este casi me dobla la edad, porque tiene cuarenta y cuatro años y lleva en el Ejército casi toda su vida. Fíjense que ingresó como corneta voluntario en el Batallón de Cazadores de Barbastro n.º 4. Isidoro

es un navarro muy noble, querido por sus hombres. Nació en Beruete,
un pueblecito cercano a Igoa y a Arrarats, y murió en el mismo lugar
y día que yo. También diré que soy hijo de militar: mi padre fue el
teniente coronel D. Luis Ripoll Palau.

Como estamos casi a todas horas juntos, sabemos, por los compa-
ñeros que llegaron después que nosotros, que a ambos nos concedieron
sendas Cruces de 2.ª Clase Laureadas de San Fernando, cosa que
nos llena de honor y de orgullo, pero como dice Isidoro: «Mi capitán,
que solo cumplimos con nuestro deber». Y lleva toda la razón.

Para finalizar, nos despedimos los dos agradeciendo, desde lo más
profundo de nuestras almas, los homenajes que nos rinden cada año
en este bello Cementerio de la Purísima. Reciban un fuerte abrazo
y, por favor, ¡no nos olviden nunca!

Yo pienso que la obra de nuestros héroes de la Purísima, en
estos cinco siglos, ha sido sublime e inmortal, porque como decía
Galdós, era por una gran causa nacional, como era la españolidad
de Melilla; y corrieron todos en pos de la gloria, de la victoria y
de la muerte. Por eso yo, como un humilde escribidor de juntar
palabras, pienso que jamás debemos olvidarlos en la desidia del
tiempo transcurrido.

22

Creo que cuando se escribe sobre los héroes que están enterrados en este precioso jardín de la Purísima, citando nombres,
fechas y lugares donde cayeron, por su hondura de sentimientos
patrios, se debe hacer con signos de poesía; porque todos ellos

se lo merecen. Y a ser posible, hacer al lector ver las palabras en los colores que más sean de su agrado. La carta de hoy la escribe el soldado Pedro Serrat Aguilar, un joven de la provincia de Barcelona, y dice así:

Queridos melillenses:

Me llamo Pedro Serrat Aguilar, y pertenezco a la 3.ª Compañía del Batallón de Infantería, Cazadores de Mérida n.º 13. Nací, hace 23 años, en el pueblecito San Agustín de Llusanés, en la provincia de Barcelona, de apenas 250 habitantes. Soy hortelano, como todos en mi familia.

Bueno, tengo que decirles que resido en el Panteón de Margallo, de este Cementerio de la Purísima, donde estoy escribiendo, junto al cabo José Segarra Falcó. Este nació en Albocácer, un pueblo cercano a Catí, en la provincia de Castellón. A cada instante me habla de su mujer y de su hijo; porque aunque tiene la misma edad que yo, veintitrés años, está casado, y siempre tiene a su pequeño y a su esposa a flor de la palabra.

A los dos nos mataron los moros en la playa cercana a la 2.ª Caseta, el 20 de julio de 1909. Me dice que os comunique que su esposa, a la muerte de él, se fue a vivir al pueblo: Les Coves de Vinromà, cercano a Albocàsser, donde nació, y que al año de nuestras muertes, a mediados de diciembre de 1910, le concedieron una pensión anual de 182,50 pesetas. Cuando le concedieron esa pequeña pensión a su esposa, se alegró mucho, y me dijo, Pedro: «Algo es algo, ¡no!».

Queridos lectores:

Los amaneceres con la luz crepuscular en estos silenciosos patios sagrados, y vuestras visitas por las tardes soleadas, la verdad es que dejan en nuestros corazones una luz de agradecimiento eterno.

Reciban un cariñoso saludo, y un fuerte abrazo, en espera de vuestras visitas.

A mí, como español de a pie, poseo el sentimiento de Patria, como todo español bien nacido debe llevar en su alma.

23

Esta carta la escribe un soldado de la provincia de Ávila, perteneciente al Regimiento Wad Ras, n.º 50. Y por su extensión, mi preámbulo va a ser más reducido que lo habitual. Y dice así:

Queridos melillenses:

Me llamo Martín Satorres Monfort, y os estoy escribiendo desde el Osario del Panteón de Margallo. Hace veintitrés años que mi madre me trajo a la vida en un pueblecito de la provincia de Ávila, que se llama Rivilla de Barajas, donde mis padres tenían un pequeño comercio que yo iba a heredar; pero como sabrán, las circunstancias de esta guerra lo impidieron. Claro que después de un siglo de reflexionar y de sopesar los pros y los contras, en este precioso jardín, he llegado a la conclusión de que dar la vida por la Patria es lo más honroso que le pueda ocurrir a un soldado, y aunque peque de inmodestia, que sea uno de Infantería, y además del Regimiento Wad Ras n.º 50. En el periodo de la instrucción los jefes nos decían que este regimiento fue fundado en 1899; y en esta guerra lo encuadraron, en la 2.ª Brigada, junto al Saboya n.º 6, al mando del general D. Francisco Martín Patiño. A las 2 de la tarde del 3 de octubre de 1909, y debido a las heridas que me infligieron los moros, dejé de existir en esta vida en el Hospital Militar.

Si les digo que he visto varias veces al mismísimo general D. Leopoldo O'Donnell, charlar con los generales y jefes que están enterrados aquí, para mí ha sido una verdadera sorpresa. Todo un Grande de España, mariscal de Campo, 1.º duque de Tetuán, conde de Lucena, vizconde de Aliaga, el que, sus restos descansan en la Iglesia de las Salesas, en Madrid, bajo una escultura en mármol de Carrara, de Jerónimo Suñol Pujol. La verdad es que impresiona un poco, y más a un humilde soldado de Infantería, como yo. Que el general que obligó a firmar el armisticio a Muley Abbas en 1860, y la carta que le envió a nuestro ministro de Estado, en la que entre otras cosas decía: «(...) La insistencia en que pedía la paz, su elevada condición de Califa, y la dignidad con que soporta su desgraciada suerte, me movieron a rebajar a veinte millones de duros la indemnización. No me pareció generoso para mi Patria humillar a su enemigo, que si se reconoce vencido dista mucho de ser despreciable». Al menos esa es la gran suerte que tenemos los que descansamos en este jardín: que de vez en cuando, las almas gloriosas de estos héroes, preclaros hijos de España, sin previo aviso, se nos presentan aquí, para repasar la pátina de honor de nuestra Patria.

Con mucho pesar y sin otra cosa que decirles, y viendo al general O'Donnell departir con el general Martín Patiño, me despido de ustedes con un fuerte abrazo, rogándoles que no nos olviden nunca. ¡Por favor, visítennos!

Si este soldadito ha nombrado al general O'Donnell, queridos lectores, también deben saber que este general fue el artífice del Tratado que firmaron entre España y Marruecos para la ampliación (y digo solo ampliación) de las dos ciudades hermanas de Ceuta y Melilla, a PERPETUIDAD; y también para el cese de las incursiones a las dos ciudades: el reconocimiento de las Chafarinas para España, que ahora nuestro vecino reclama todo eso, y mucho más, para sí. Cosa que los llamados quintacolumnistas, con la ayuda de los que tienen el síndrome de Estocolmo, que pululan por nuestra ciudad, llevan años intentando llevarlo a cabo, pero ante eso, la gente de a pie tenemos una sencilla manera de responderles diciéndoles: ¡Basta!

24

Como han leído en otra anterior carta, que el cubano Almeida relataba lo ocurrido el 9 de julio de 1909, también murieron asesinados, por los moros, varios obreros de la Compañía de Minas del Rif. Uno de ellos fue Manuel Delgado Páez; pero mejor que sea él mismo quien os diga cómo fue, y el lugar donde cayó mortalmente herido, y dice así:

Queridos melillenses:

Soy Manuel Delgado Páez. Mi muerte acaeció a las seis de la mañana del 9 de julio de 1909, cuando nuestro capataz, D. Gregorio Otero, disponía la entrega de herramientas para la construcción de un puente, cercano a la Segunda Caseta, junto a mis compañeros: Cristóbal Sánchez, Emilio Esteban, y un cubano muy simpático, que se llamaba Tomás Almeida; que al parecer ya se han dirigido a ustedes por medio de este periódico. En el mismo lugar, y sin previo aviso, un grupo de moros dispararon a traición contra nosotros, donde caímos mortalmente heridos, menos algunos, que huyendo, lograron llegar a Melilla en una maquinita de tren de nuestra compañía, gracias a un moro pastor que les indicó dónde estaba ese tren.

Debo decir que tengo 28 años, y soy carpintero, como mi padre. Él se quedó en el pueblo junto a mi madre, cuando yo tuve que venir a Melilla a trabajar, ya que solicitaban carpinteros, herreros, y muchos braceros. Bueno, aún no os he dicho dónde nací, y fue en Alhaurín el Grande, *en la provincia de Málaga; pero no confundirlo con Alhaurín de la Torre, el que nosotros llamamos Alhaurín* el Chico.

Junto a mí tengo a dos chavales, que fueron educandos de la Banda de Música del Batallón de Las Navas n.º 10. Uno es Felipe Torralba García, nacido en la comarca de la Vera, en la provincia de Cáceres, pero su pueblo, del que está muy orgulloso, se llama Madrigal de la Vera. El otro se llama Eustaquio Corrales Esteban, y anda el pobre sin saber decir dónde lo parió su madre; vamos, que ignora el nombre de su pueblo. Algunos días, entre Felipe y yo comentamos, que por su acento debe ser gallego, pero también podría haber nacido entre Baralla, de Lugo, y Ponferrada, de León, que él nombra a cada momento. El caso es que siempre anda, el pobrecillo, un poco tristón. Al único que le permite llamarle Turuta, es a mí, porque dicen que suena como a algo despectivo. Yo no les hago ni caso, porque no saben ustedes el tostón que me dan con la dichosa cornetita, y más si Felipe agarra el cornetín de orden, y se lía a tocar: firmes, derecha, sobre el hombro, etc. Pero si les digo la verdad, en el fondo me agradan, y sobre todo el de retreta, o el de oración. El de diana es con el que más disfrutan, y además se ríen, porque hacen levantarse a todo quisque.

Los dos cayeron el 27 de julio a consecuencia de heridas de balas, en el Barranco del Lobo. Tristemente yo fui el que se hizo cargo de sus restos, ya que todo el mundo andaba muy atareado de acá para allá, y como los vi tan solitos a los dos: «¡Venga, muchachos, venid conmigo que como os quedéis aquí parados vais a estarlo para toda la eternidad!».Y así fue como me los traje, casi a rastras, al Panteón de Margallo, que es el lugar donde nos encontramos desde entonces.

Esta carta que os escribo la estoy haciendo en nombre de ellos, y mío propio. Solamente os ruego que en cada visita que hagáis a vuestros deudos, no se os olvide saludarnos. Nos conformamos con una simple sonrisa, y creedme si os digo que os vemos desde el fondo de nuestros corazones. Muchas gracias, y un abrazo muy fuerte.

A veces, queridos lectores, si miramos dentro de nuestros corazones, podremos encontrar una abierta sonrisa de agradecimiento, nunca de amargura, por las visitas que les hacemos. Debo decir que estas *Cartas de la Purísima*, para mí, no son fogonazos de mi imaginación, porque si nos introducimos en aquellos años tan trágicos, observaremos siempre un bosque de caras de jóvenes españoles caídos como héroes en esos campos de batalla.

25

Muchas personas, cuando van a cualquier cementerio para visitar a sus deudos, sea por despiste o porque no les importa, suelen pisar las tumbas como si estuviesen paseando por un césped de cualquier parque. Entonces los que están enterrados, disculpándolos con humildad, dicen: «A veces, cuando alguien pisa nuestra fosa, se pueden escuchar nuestros quejidos dolientes, pero sabemos que con su sola presencia alegra la pesadumbre que nuestras almas irradian».

Hoy quien escribe la carta es un joven sargento salmantino, y dice así:

Queridos melillenses:

Me llamo Manuel Gallego Estévez, y soy sargento de Infantería del Batallón de Chiclana n.° 17. Os escribo desde el Panteón de Margallo, aquí en la Purísima. Nací en Saucelle, un pueblecito de Salamanca, entre las calles Altozano y San Lorenzo. Y ya ven ustedes, solo tengo veintidós años. Ingresé como voluntario en el Ejército en marzo de 1907, y el 1 de agosto de ese mismo año me ascendieron a cabo, y por elección, ese mismo día me hicieron sargento. A mí siempre me atraía la vida militar, y como no era mal estudiante, ascendí rápidamente, siendo destinado al de Chiclana n.° 17; destino que tenía cuando los moros me mataron el 20 de septiembre de 1909 en Taxdirt.

Aquí a mi lado tengo a un soldado extremeño, de mi mismo batallón. Como él no sabe escribir, me ha rogado, por favor, que ponga sus datos en esta carta para que cualquiera que la lea sepa quién es y dónde nació. Este soldado se llama Ramón García Díaz, y nació cerca de la calle Real, de Valverde de Llerena, un pueblo de Badajoz, cercano a Ahillones. Desde muy pequeño ha trabajado la tierra, y su incorporación al Ejército, dice que fue como un alivio. Yo he llegado a tomarle un gran aprecio, porque es muy servicial; y a cada momento me está dando las gracias por enseñarle las letras para que pueda leer él solo las cartas de sus padres, que un señor muy mayor de su pueblo, que «lee de corrido», suele escribirles, cosa que hasta que nos han matado a los dos yo, muy gustoso, lo venía haciendo, aunque a veces lo veo un poco preocupado, porque cree que a mí me molesta leerle las cartas de su familia. Tengo que decir que Ramón es dos años mayor que yo, tiene veinticuatro, y parece mi sombra. Lo mataron el 30 de septiembre de 1909 en el zoco Beni Bu Ifrur. Al llegar aquí, desolado y dolorido aún por las heridas que le causaron la muerte, solamente al tocarle el hombro y llamarlo por su nombre, perdió la compostura, abrazado a mí, y bañado en lágrimas por la emoción, solo me decía en voz muy baja: «Gracias, Dios mío, por dejarme junto a mi sargento». «Ramón, creo que vamos a estar aquí, juntos para toda la eternidad», le dije. Y aquí estamos los dos, rogándoles a todos los que lean esta carta, que cuando visiten este jardín tan bonito, nos dirijan una mirada, con una pequeña sonrisa.

Reciban un abrazo con todo nuestro cariño.

Esta carta que el joven sargento Manuel Gallego nos escribe hoy nos ha hecho trasladarnos a aquel mes de julio de 1909, cuando el sol se quebraba por las piedras de los barrancos pelados del Gurugú. Pedazos que herían y mataban con saña a nuestros héroes, bajo la lluvia de balas de los moros.

Giuseppe Ungaretti escribió hace muchos años unos versos que yo transcribo aquí, y se los leo a todos nuestros héroes:

«Dejad de matar a los muertos, no gritéis más, no gritéis, si les queréis todavía oír, si esperáis no perecer. Tienen un susurro imperceptible, no hacen más rumor que el crecer de la hierba, alegre donde no pasa el hombre».

26

Estas cartas, procedentes de la Purísima, todas están llenas de profundas esencias y de gratos sonidos que a todo buen español, y melillense en particular, nos llegan hasta nuestros corazones. Algunas vienen cargadas de entorchados y merecidas medallas, porque los que las portan en sus pechos fueron grandes estrategas y héroes, cuyos nombres figuran en las páginas gloriosas de nuestra Patria. Otras, más humildes, son las de los soldaditos anónimos, los pipiolos, que vuelven al más puro seno de donde fueron paridos: sus pueblos y ciudades, como la de estos tres soldados de Infantería del Batallón de Cazadores de Llerena, n.º 11, y dice así:

Queridos melillenses:

Me llamo Pedro del Cura Cristóbal y soy soldado de Infantería del Batallón de Cazadores de Llerena n.º 11. El 27 de julio de 1909, en el Barranco del Lobo, me mataron los moros de varios tiros en la cabeza y en el pecho. Os estoy escribiendo desde el Panteón de Margallo, aquí, en este precioso jardín que tenemos como cementerio. El pueblo donde nací es una aldea que se llama Valdevacas de Montejo, muy cercana a Villaverde de Montejo, en la provincia de Segovia. Según me decía mi madre, ella me parió en una casa entre las calles Pozo y Real.

Tengo a mi lado a Mariano Delgado Barrón, abulense de nacimiento, de mi misma edad, y perteneciente al mismo Batallón de Llerena n.º 11; muerto el mismo día y en la misma circunstancia que yo, de varios disparos que un moro francotirador, apostado en esos peñascos malditos de este Gurugú, montaña que cierra el horizonte a nuestra ciudad, hacía traicioneramente. Mariano siempre está hablando de las yemas de Santa Teresa de Jesús, la que él llama «La Santa», que su madre, cuando lo visita, le trae una bandejita para que los demás las probemos. También se ha acercado Francisco Farelo Fuentes, compañero de nuestro Batallón. Paco es labrador y dice que tiene veintitrés años, pero ignora el pueblo donde nació; por eso el pobrecito no para de preguntar a todo jefe u oficial que se encuentra en estos pensiles del camposanto si saben el pueblo donde su madre lo trajo a la vida.

Como ya digo anteriormente: Mariano y yo llegamos aquí el 27 de julio, pero Paco Farelo apareció junto a nosotros el 5 de octubre de ese mismo año. Dice que el tifus pudo con su salud, muriendo a las 4:20 de la tarde de ese 5 de octubre en el Hospital del Rey. Yo solamente les ruego que cuando vengan de visita, si pasean cerca de nuestras tumbas, no dejen de saludarnos, aunque sea con una sonrisa. Nosotros siempre se lo agradeceremos.

Reciban un abrazo, con todo el cariño, de tres soldados de los Cazadores de Llerena, n.º 11.

Al esplendor sumergido en las tumbas de estos héroes, todos debemos abrirles puertas y ventanas, para que salga, con todo el honor que merecen, como una corriente persistente y vital, y de claridad, sin misterio alguno.

27

Hace unos días, un buen amigo historiador, asomándole su vena de poeta, me comentaba lo bonito que está el cementerio, todo limpio y blanqueado, y con sus flamantes lavabos: «Oye, Juan, fíjate, que parecía que los héroes de tus cartas estaban asomados a los acantilados luminosos, tomando este sol otoñal». ¡Bonita frase, eh! Yo le contesté que no eran solo míos esos héroes, sino de todos los españoles, y muy particularmente, de los melillenses. Le pregunté si alguno de ellos lo saludó, como suelen hacerlo los que escriben estas humildes cartas dirigidas a todos nosotros. Claro que la respuesta hubiese sido algo utópico, o una bella ilusión.

Hoy quien escribe es un 2.º teniente de Infantería, pero es mejor que sea él quien se presente, y dice así:

Queridos melillenses:

Soy José Fernández de Guevara y Makenna, 2.º teniente del Regimiento Melilla n.º 59. Tengo 22 años, y hace solo dos, en septiembre de 1907, tuve el honor de recibir de manos de mi padre, el comandante de Artillería, D. Enrique Fernández de Guevara y Zaragoza, el sable de oficial. Os estoy escribiendo desde la fila 1, n.º 5, del Panteón de Margallo, en este bonito jardín de la Purísima. Como muchos de ustedes sabrán: mi madre, D.ª Blanca, me trajo a la vida en Barcelona el 10 de octubre de 1886. También recordarán que los moros me mataron en Sidi Musa el 23 de julio de 1909, junto a varios compañeros, entre los que se encontraba mi buen amigo, el corneta del Regimiento, Pedro Gallardo Jiménez, que desde que cayó muerto en la misma posición, no se separa de mi lado. Siempre anda el hombre con su corneta colgada a la bandolera, y la verdad es que no lo hace mal del todo. Este muchacho tiene 24 años, es soltero, y su oficio es el de labrador. Bueno, también diré que nació en Almería, pero no está seguro si fue en la misma capital o en una aldea cercana, llamada Cañada de San Urbano.

Junto a nosotros anda otro labrador: Vicente Ferrer Vázquez, también soldado de nuestro Regimiento. Este nació en Pedreguer, un pueblo de Alicante, que según me dice siempre, muy orgulloso él: «Mi pueblo, mi teniente, es muy grande; ya ve usted si es grande, que tiene más de cinco mil almas». Vicente murió de tifus a la una de la madrugada del 22 de noviembre de este mismo año de 1909. Tanto el corneta almeriense, como este alicantino, como no saben escribir, siempre debo hacerlo yo, cosa que me agrada, porque los tres rondamos los mismos años, y casi nos tuteamos; y además con mis conocimientos de alemán y francés, les voy inculcando las letras, al menos para que puedan leer las cartas que les envían.

Desde las escaleras de este Ángel que mira al cielo, nos despedimos los tres, con un abrazo muy fuerte para todos ustedes, mis queridos melillenses; y no dejen de visitarnos, aunque sea después del día dos de noviembre, que es cuando las autoridades nos visten de gala; aunque para nosotros, cualquier día del año nos satisface, ya que solo deseamos vuestras sonrisas, y alguna que otra oración por nuestras almas. Comprobarán que nuestros besos vuelan agradecidos por entre estas tumbas silenciosas.

Yo pienso que el sol, con sus reflejos, tiene una manera muy sutil de besar estas tumbas y panteones, ya que siempre lo hace respetando el sueño eterno de nuestros héroes.

«Hojitas voladoras, no eran otras, que las alas de las mariposas. Las quietas solo olían, porque eran los pétalos de las rosas».

Recordando mis correrías por el cementerio, de cuando era un *chaveílla,* observando las rosas de una tumba cercana a la capilla, estos humildes versos se los dedico a todos los que están enterrados en sus jardines.

28

Para algunos, escribir sobre los héroes es solamente un estudio didáctico para que otros lo lean y aprendan; para mí, es como si me alimentara el alma. La carta de hoy está escrita por un laureado, primer teniente del Regimiento de Infantería de Melilla n.º 59, epónimo héroe de la Guerra del 9 o del Barranco del Lobo (1909).

> *Queridos melillenses:*
> *Me llamo Rafael de los Reyes Ortiz, y soy primer teniente del Regimiento de Infantería Melilla n.º 59. Les escribo desde el Panteón de Margallo. Estoy casado y tengo un hijo precioso. Nací el 31 de marzo de 1871, en Antequera, en la provincia de Málaga, en una cortijada cercana a la famosa Peña de los Enamorados, que Archidona, pueblo vecino, con su plaza ochavada, siempre anda en disputa por su pertenencia y por su bella historia, que por el espacio de esta carta me es imposible relatarles.*
> *Mi currículum es muy sencillo: ingresé en el Ejército, como educando-corneta, en abril de 1888. Más tarde estuve destinado, como escribiente, en los Batallones de Infantería de Cataluña y Cuba, y en los Regimientos de Infantería Almansa 18, Reserva de Málaga 69 (Caja de reclutamiento), de Jaén 30, Extremadura 15,*

y, finalmente, como primer teniente, en Melilla 59. El 23 de julio de 1909, formando la columna del coronel Álvarez Cabrera, los moros me mataron en Sidi Musa, en las estribaciones del Gurugú.

A mi lado tengo al compañero Francisco Roca Llobet, también primer teniente de Infantería, pero perteneciente al Batallón de Mérida n.º 13. Este tiene solo veintiocho años y es soltero. Nació en Granollers, provincia de Barcelona, en enero de 1881. Nos conocimos cuando los dos estábamos destinados en el Regimiento Almansa 18. Él también perteneció al Navarra 29, Cantabria 39, a los Batallones de Cazadores de Reus 16 y Mérida 13. Herido gravemente en las dos rodillas en el combate del día 20, en Sidi Musa, murió en el Hospital Militar dos días después; y desde entonces ambos estamos en el mismo Panteón de Margallo: él en la misma fila que la mía, la n.º 1, pero en el n.º 7, y yo en el n.º 4.

Paco me está diciendo que no sea tan modesto y os diga que estoy en posesión de la laureada de San Fernando, y de las Medallas del Mérito Militar, con distintivo Rojo, y otra de 1.ª Clase, como él, que posee la de Alfonso XIII. También que diga que desde el día que nos mataron los moros, a los dos nos ascendieron a capitán.

Bueno, pues dicho está. Como ya se han prolongado un poco nuestras historias, nos despedimos de ustedes, con todo nuestro cariño, no sin antes rogarles que no dejen de visitarnos, para que nuestras almas, como voces de canto, de bajos, tiples y contraltos, tan suaves y melodiosas, que cantan a este aire tan azul, donde nuestras notas aladas, suben y bajan hasta que se desvanecen con la oscuridad de las noches en los acantilados.

Si estos soldados, con sus estrellas de oficial, nos dicen que sus almas cantan al aire azul de nuestra ciudad, en los acantilados, yo les rindo mi más profundo respeto por el hecho que les causó esa muerte tan gloriosa, defendiendo a la Patria, en las estribaciones del Gurugú, hace ahora más de un siglo.

29

Hace pocos días les han rendido honores a todos los héroes que descansan en nuestro cementerio. Lo he podido leer en la prensa; y por los comentarios, muy explicativos de un amigo, algo emocionado, que acudió al acto, la verdad es que sentí un poco de sana envidia, ya que no pude presenciarlo. Pero creo que, con estas cartas, desde esta otra orilla peninsular, humildemente yo les rindo mis propios venerables honores. Hoy quien les escribe es un capitán de Infantería, y dice así:

Queridos melillenses:

Soy Celestino Rodríguez Salgado, capitán de Infantería del Batallón de Cazadores de Madrid, n.º 2. Les estoy escribiendo desde el Panteón de Héroes, fila 2, n.º 3. Nací en Calvelo, un pueblecito de Orense, cercano a Xocín y Vilariño, en diciembre de 1862. Cuando ingresé en el Ejército, en junio de 1881, estuve destinado en Murcia, Orense, Coruña y Teruel; también participé en la Campaña de Cuba, hasta que me enviaron a Melilla.

El 30 de septiembre de 1909, en la posición de Beni Bu Ifrur, tuve la mala fortuna de caer herido en el muslo derecho, herida que me fracturó el fémur. En la noche del día 2 de octubre, fui trasladado al Hospital Militar y el 4, los médicos se decidieron a operarme, y a pesar de que aguanté lo indecible, caí muerto de dolor y de pena.

Era el 8 de octubre de ese mismo año de 1909, y en el parte médico decía que mi fallecimiento era debido a una septicemia, lo que se le llama a una gran infección. Mi pena era porque dejaba huérfanos a mis seis hijos de corta edad, y con 1642,50 pesetas anuales a mi esposa, que había viajado a Melilla un día antes de mi muerte.

Pero tengo que decir, con todo mi orgullo y una inmensa alegría, que un año después, el 10 de diciembre de 1910, me concedieron, a título póstumo, la más alta condecoración militar, como es la Gran Cruz Laureada de San Fernando. Siempre la llevo luciéndola junto al soldado de mi unidad, Agapito Santofimia Rodríguez, que también cayó el mismo día y en el mismo lugar, zoco Beni Bu Ifrur. Este muchacho es de Villafrades de Campos, un pueblito de Valladolid, donde cruza la Carretera de Benavente a Palencia. Tiene tan solo veintidós años, y debido a mi cojera, el pobre, sirviéndome de apoyo sus anchos hombros, se ha convertido en mi acompañante perpetuo. Él dice que lo hace muy gustosamente. La verdad es que siempre lo traté como si hubiese sido mi propio hijo.

Entre los dos les enviamos un abrazo muy fuerte, agradeciendo a las autoridades los honores que nos han dispensado hace unos días. Y a ustedes, les rogamos que sigan visitándonos con sus oraciones y sus sonrisas.

A veces, si no puedes soñar, hay que cerrar los ojos con fuerza y ver con la claridad, limpia de corazón, todo el drama que padecieron estos soldados, nuestros héroes, que dieron sus vidas para que en la actualidad podamos conservar la españolidad de nuestra ciudad, con nuestra genuina cultura española y europea (sic).

30

Creo que todavía existen personas que piensan que estos héroes yacen bajo un cielo inhóspito, de noches rasas y olvidados, junto al acantilado. Un mascabrevas, aparentemente muy leído y encopetado, me dijo: «¿A qué vienen tantas cartas enviadas desde el cementerio, después de tantos años?». Yo, sin creerme un epistológrafo de postín, porque lógicamente no lo soy, y contestándole en Román Paladino, mayormente por los héroes, le dije que solo existe un motivo sencillo y muy claro: ¡Porque me sale de los cojones!

La carta de hoy la escribe un joven capitán de Infantería, y dice así:

Queridos melillenses:

Me llamo Álvaro González Martínez; soy comandante de Infantería, del Regimiento del Príncipe n.º 3; y les estoy escribiendo desde el Panteón de Héroes, fila 4, n.º 16, de este Cementerio de la Purísima. Tengo 35 años, estoy casado y soy padre de una preciosa niña a la que bautizamos con el nombre de María Luisa. Nací en Grado, en la provincia de Oviedo, muy cerquita de una aldea llamada Peñaflor.

Sobre mi hoja de servicio, solo diré que desde septiembre de 1880, cuando ingresé como alumno de Infantería, he pasado por el Batallón Isabel II, n.º 4; Tarragona 67; Cazadores de San Quintín 47; La Habana 18; Puerto Rico 4; Barcelona 3; Oviedo 7; Pontevedra 11; y el del Príncipe, n.º 3, que es el Regimiento al que pertenecía cuando me mataron los moros, el día 28 de septiembre de 1909, en el zoco Had. De las recompensas solo os diré que tengo siete Cruces al Mérito Militar y una Medalla de Alfonso XIII.

Mi decisión de escribirles es debido a que hace unos días, el capitán Manuel Fernández Guinea, del Batallón de Cazadores de Llerena, n.º 11, me pidió que le acompañase al Casino Militar que habéis construido en la Plaza de España, para escuchar el Himno de su Batallón; y la verdad es que fue muy emotivo. Como nuestras almas, y la de centenares de soldados muertos en esos campos, fueron las que vagaron por el ambiente, pudimos observar la emoción que embargaba a todos los asistentes que estaban en los salones de ese casino; y él, en apenas un susurro, con las lágrimas rodándole por las mejillas, creyendo que los demás nos iban a oír, me dijo: «Álvaro, hace más de un siglo que no escucho esta pieza tan emocionante; y no sé cómo es que aún anda por ahí esta partitura». Yo no supe contestarle, pero al ver de espectadores a nuestros superiores, me imaginé que sería obra del comandante general de la plaza, y del director de la Banda de Música de la Comandancia General, a los que agradecemos con un disciplinado saludo.

Mi compañero, Manuel Fernández, que acaba de acercarse, y yo, nos despedimos de todos ustedes, con un fuerte abrazo, y rogándoles que cuando se acerquen a nuestras tumbas, aparte de alguna oración, no se les olvide una simple sonrisa. Muchas gracias.

P. D.: Lo del himno del Llerena estuvo muy emocionante. Muchas gracias.

Y como todas estas misivas son de soldados que solo desean unas oraciones o unas sonrisas de las personas que visitan sus tumbas: Ni el lacre cascol-negro, ni el nema-sello, el hilo para cerrarlas, que jamás uso; solo deseo que quien las lea, sepa que nuestros soldados nos las envían para que reflexionemos atinadamente. Porque la verdad, yo creo que a todos ellos los podemos ver en un horizonte infinito, que es el que resume toda su gloria, la que ganaron para nuestra Patria.

31

Mi primo Juan, el de mi tía Virginia, melillense como yo, cuando lee alguna de estas cartas me dice: «Primo, como la oveja el vellón en las zarzas del camino, se me van quedando estas cartas en mi alma, como cuando cantábamos en la Iglesia, en el coro, y muy piano». Es muy halagador que uno de tu familia te diga que le gustan tus escritos, y más este, que si fuera al contrario, al momento me está llamando para ponerme las peras a cuarto; y, además, no se corta un pelo el tío, lo que realmente suele hacer muy bien, desde que nos conocemos, o sea: de toda la vida.

El que les escribe hoy es un capitán de Infantería, y dice así:

Queridos melillenses:

Soy Ángel Melgar y Mata, capitán de Infantería de la 3.ª Compañía del Batallón de Cazadores de Arapiles n.º 9. Les estoy escribiendo desde el Panteón de Héroes, fila 1 n.º 8. Tengo treinta y tres años, y nací en El Romeral, en la provincia de Toledo, entre Tembleque y Lillo, el 27 de enero de 1876.

Con diecisiete años ingresé en la Academia de Infantería. Estuve destinado en el Batallón de Manila n.º 20, y en 1895 fui de expedicionario a Cuba. Cuando regresé a la península, en 1902, daba clase, como profesor de geometría en el Colegio María Cristina. Un año después me destinaron al Batallón de Ciudad Rodrigo n.º 7, en Alcalá de Henares; nombrándome ayudante honorario de S. M.

el rey. El 27 de julio de 1909, los moros me mataron en el fatídico Barranco del Lobo.

Tengo que decir que a los dos meses de traerme a este Cementerio de la Purísima, encontré, recién llegados, a un soldado y un sargento de Infantería del Batallón de Cazadores de Tarifa n.º 5. El soldado se llama Manuel Medina Nieto, nacido en Bailén, provincia de Jaén. Tiene veinticuatro años; y el sargento es un cubano que se llama Antonio Martínez Laffite. Los dos están en el Osario del Panteón de Margallo, desde que los mataron los moros el 20 de septiembre de 1909, en Axdir.

El cubano me dice que hace un tiempo tuvo la visita de un familiar de la provincia de Toledo, y contaba que en mi pueblo, la calle donde mi madre me trajo a la vida, la han rotulado con mi nombre: calle del Capitán Melgar. Yo apenas me lo creí, pero pensando un poco, llegué a la conclusión de que, como me concedieron la Cruz Laureada de San Fernando, y más a un hijo de un pequeño pueblo como es el mío, me honraron con ese detalle.

Desde estas líneas que me publica este periódico, doy infinitas gracias a la corporación municipal de El Romeral, por hacerme este gran honor, por el simple hecho de haber servido a mi Patria. Y a ustedes, mis queridos melillenses, y a todo el que me lea, tanto el cubano Antonio Martínez como el soldado Manuel Medina, les damos un abrazo muy fuerte, esperando vuestras visitas.

Como siempre digo, a estos héroes hay que ofrecerles la gracia dulce que trae la caridad y la infinita misericordia; porque fueron los que dieron sus vidas por nuestra ciudad, para que usted, querido lector, pueda pasear por sus calles, tan españolas como la del capitán Melgar en El Romeral.

Con un hondo sentimiento, tengo que decir que algunos los observamos con sus ojos llenos de lágrimas, que en cada visita que les hacemos nos las ofrecen, para que las depositemos, como recuerdo vivo, en nuestros corazones. Aunque también creo que en estos tiempos tan superficiales y materialistas, pienso que España, nuestra Patria, es un corcel de sangre ardiente, rebelde, noble, altiva y osada, pero generoso y noble.

32

La carta de hoy la escribe un malagueño, sargento del Rgto. de Infantería Melilla n.º 59, junto a dos soldados de la 3.ª Cía. del Bon. de Cazadores de Chiclana n.º 17, y dice así:

Queridos melillenses:

Soy Francisco Bonet Cabo, sargento de Infantería, del Regimiento Melilla n.º 59. Nací en la ciudad de Málaga, hace ahora veintisiete años. Les estoy escribiendo desde la parcela 9, fila 5, n.º 10, del Panteón de Héroes, de este cementerio. El 4 de noviembre de 1909, a las 16:30 de la tarde, fallecí de una tuberculosis pulmonar en el Fortín de Santiago. Yo escuchaba a los médicos decir que mi muerte se debía a un enfriamiento padecido durante la guerra, en el campo de batalla.

A mi lado tengo a los soldados de Infantería del Batallón de Cazadores de Chiclana n.º 17. Uno se llama: Francisco García Retamero, nacido en Frigiliana, un pueblecito de la Axarquía, en la provincia de Málaga, hace veintidós años. Lo mataron los moros en el zoco Jemís de Beni Buifrur el 30 de septiembre de 1909. Su oficio es jornalero-agricultor. El otro es Federico Gil Martín, nacido en Málaga, y perteneciente al mismo Batallón de Chiclana 17. También tiene veintidós años. Murió a las tres y cuarto de la tarde del día 9 de octubre de 1909, de tifus, en el Hospital Militar. Como es carpintero, siempre anda paseando junto a un señor mayor, también carpintero, que va apoyado en un bastón, debido a una herida en un pie que no se curó adecuadamente; motivo que le costó la muerte por gangrena. Este señor está enterrado, con toda su familia, en una sepultura junto a la estatua del Ángel.

Paco, el de Frigiliana, comentaba que este hombre es de Vélez Málaga, y ya conocía a Federico antes de emigrar a Melilla con toda su familia, después de una de las riadas más crueles que ha habido en la ciudad de Málaga, allá por el año 1907. El señor Antonio, como lo llaman los dos, también lo conocía de la trata de ganado de finales del siglo XIX. El caso es que este señor Antonio, cuyo apellido es Aranda, tuvo una carpintería en la ribera del río Guadalmedina, de mi ciudad, que más tarde amplió con el trabajo de herrería, hasta ese fatídico 24 de septiembre de 1907, donde perdió todos sus enseres, menos unos ahorros que su esposa guardaba celosamente para una posible compra de un local de la cercana calle de los Mármoles, calle que divide el barrio de la Trinidad y el del Perchel. Una vez que se estableció en Melilla, montó otra herrería con una cuadra para los animales. Federico lo visitaba de vez en cuando, y siempre comentaba que apenas terminara su servicio militar se quedaría con el señor Antonio a trabajar y a vivir en nuestra ciudad, pero la campaña de esta guerra frustró todas sus ilusiones, como la de muchos soldados que están enterrados junto a nosotros.

Desde este precioso jardín de la Purísima, junto a Paco y Federico, y divisando a lo lejos al señor Antonio, que baja renqueando por la empinada escalera, nos despedimos de ustedes con un fuerte abrazo, deseándoles lo mejor. Y no se olviden de que, cuando nos visiten, recen una pequeña oración con una simple sonrisa.

Fíjense en los civiles que emigraron de sus pueblos de origen, como este señor Antonio, que montó otra herrería en el Polígono Excepcional de Tiro (barrio del Polígono). Ellos también fueron héroes, verdaderos pioneros que comenzaron la construcción de nuestra ciudad; y todo ello con el esfuerzo, la sapiencia y la idiosincrasia, tan española, que trajeron de sus tierras peninsulares. Debido a ese hecho, mi padre, hijo de ese señor Antonio, mi abuelo, siempre deseó ser enterrado junto a los héroes que perdieron sus vidas por defender con las armas la españolidad de nuestra ciudad, ya que, a su manera, también ellos fueron héroes anónimos.

Todos los que hemos nacido en Melilla sabemos que cuando el sol se declara en su cielo, en decadencia, es más hermoso en el ocaso que cuando brilla en su cenit al mediodía.

Nuestra ciudad es así de bonita.

33

Esta carta la *escriben* dos capitanes del Rgto. de Infantería Melilla n.º 59. Como la gran mayoría de los que se encuentran enterrados en la Purísima, estos militares también fueron laureados por los hechos de armas en el campo de batalla, donde ofrecieron sus vidas por nuestra Patria. El que se dirige a ustedes es Manuel Muñoz Olive, y dice así:

Queridos melillenses:

Me llamo Manuel Muñoz Olive, y soy capitán del Regimiento de Infantería Melilla, n.º 59. Nací en Zaragoza el 27 de julio de 1877, hace ahora 34 años. Les estoy escribiendo desde la fila 3, n.º 10, en el Panteón de Héroes, de este cementerio tan bonito. Debo decir que mi primer destino fue el Regimiento de Infantería Granada, n.º 34, de guarnición en Sevilla; y más tarde en la Caja de Reclutas de Utrera (Sevilla). Los moros me mataron en Izarroba, en las inmediaciones del río Kert, el día 27 de diciembre de 1911.

A mi lado está mi compañero, el capitán de mi mismo regimiento, Juan Ruiz Belando, nacido en Murcia el 10 de marzo de 1874, donde las autoridades de esa ciudad le han dedicado una calle. A este compañero lo mataron cuando coronó una loma cercana al lugar donde también caí yo. Tengo que decir que a Juan, que luchó cuerpo a cuerpo contra los moros atacantes, y después de haber tomado ese montículo y perdido la mitad de sus hombres, le concedieron, como recompensa, la Cruz de 2.ª Clase de la Real Orden de San Fernando. Él me está diciendo que no sea tan modesto y les diga también, en estas líneas, que a mí también me concedieron esa valiosa Cruz, que ambos llevamos con el orgullo de buenos españoles. Y al oído me apunta que después de nuestro fallecimiento, a los dos nos ascendieron al empleo de comandante, que junto a esa valiosa condecoración y la estrella de ocho puntas en la bocamanga, paseamos por este jardín con todo el orgullo de ser militares y españoles.

Para terminar, y como son fechas tan entrañables, les deseamos, los dos, desde este Panteón de Héroes, donde nos encontramos, junto a cientos de compañeros: que pasen una feliz Navidad junto a sus seres queridos, y recuerden: que nuestras almas siempre estarán con ustedes en las visitas que nos hagan. Cerca de nuestro panteón, hay

un soldado muy lírico que dice siempre que nuestra ciudad, Melilla,
es una gran galería que recoge la luz azul de su cielo y de su mar: su
gran cosecha que regala a todo el que pasea por sus calles y parques.
Reciban un abrazo con todo nuestro cariño.

Bueno, pienso que estos capitanes, como todos los que se encuentran enterrados en la Purísima, se merecen que las autoridades, sean las que sean, declaren de una vez por todas a nuestro cementerio: Cementerio Nacional de Héroes de España. Por otra parte, creo que estas humildes epístolas debieran servir para hacer recordar, a quienes corresponda, asomarse a estas páginas para dilucidar y poner en claro esta reclamación que yo les hago, y que muchos melillenses, tanto residentes como los que nos encontramos en esta otra orilla, deseamos que se lleve a cabo, porque es de justicia y por derecho que el honor de estos héroes se merece.

José Hierro decía en unos versos:

«Vi al héroe, descansando, sobre el banco de piedra,... Otros, ya con arrugas, oyen el canto de las olas,... Y, yo que oía todos los sones, solo oí su silencio el silencio del héroe sordo al mar, a la música, y a sus recuerdos».

Al menos este humilde escribidor, hasta el momento, les está haciendo hablar para que los conozcamos y sepamos de sus vidas: las que entregaron defendiendo, todos ellos, la españolidad de nuestra ciudad.

34

La carta de hoy es la de dos soldados de Infantería, del Batallón de Cazadores de Madrid n.º 2, que por su importancia sentimental, como todas las publicadas en este diario, debemos leerla, y dice así:

Queridos melillenses:

Me llamo José María Muñoz Montalvo, y soy Soldado de Infantería del Batallón de Cazadores de Madrid n.º 2. Hace veintitrés años, mi madre me trajo a la vida en el pueblecito de Zapardiel de la Cañada, entre los pueblos de Martínez y Arevalillo, en la provincia de Ávila. Aún me encuentro soltero, pero pensaba casarme apenas terminase esta guerra tan cruel, como todas ellas.

A mi lado tengo al compañero de mi mismo Batallón: Ambrosio Mozo Baladrón, nacido el mismo año que yo, en el pueblo de Riego del Camino, en la provincia de Zamora. Tengo que decir que a mí me mataron los moros en el Barranco del Lobo el 27 de julio de 1909, y a él el 30 de septiembre del mismo año, en el zoco Jemís de Beni bu Ifrur. Con una honda pena, yo fui uno de los que lo recibió apenas llegó aquí, muy malherido, junto a varios compañeros, ya que ambos éramos amigos desde nuestro ingreso en el Ejército. Los dos nos encontramos en el Panteón de Margallo desde entonces.

Ambrosio me recuerda que os diga que casi cada día se acercan las almas de algunos compañeros para que les informemos dónde se hallan sus restos, ya que desconocen las fechas de sus fallecimientos y los lugares de sus enterramientos, y son sus deseos el estar junto a nosotros, porque, como dicen: «Si caímos juntos en el campo de batalla, juntos debemos estar para toda la eternidad». La lista, aunque es muy extensa, puedo escribir los nombres de los que pertenecieron a nuestro Batallón de Madrid n.º 2, que son los que se acercan, con pena y alegría, a saludarnos, como Rafael Díaz Olano, que sabemos que tenía dos hijos; Bonifacio González Gómez, muy vivaracho y bromista; Leogardo Jiménez Paniagua, muy responsable y propuesto para cabo; Nicolás Pérez Cinós, al que vi avanzar con su columna, sin miedo alguno, por aquellos peñascos pelados; Vicente Rodríguez Alonso, al que apenas llegué a conocerlo; y Bartolomé González y González, un muchacho amable, gentil y lleno de bondad, y como él apostilla siempre con humildad, y lleno de rubor: «Pero muy pobre, mi querido José María».

Todos ellos son simples soldados, como Ambrosio y este que les escribe. Quiero que sepan que, por nuestra parte, y durante nuestra existencia en sus memorias y libros de Historia, estaría escribiendo todo lo referente a lo divino y lo humano que aconteció en aquellas fechas tan memorables para nuestra Patria.

Con nuestro agradecimiento eterno, reciban un abrazo muy cariñoso de unos soldados que solo deseamos que, cuando seamos visitados, recen una pequeña oración y nos brinden una sonrisa. Solo eso.

En el año 2009, centenario de la Guerra del Barranco del Lobo, tuve la «osadía» de escribir estos humildes versos, en honor de todos los héroes y mártires que descansan en la Purísima:

Hace un siglo atrás, quedaron
humeantes los cascotes de la guerra.
Era cuando los hombres luchaban,
y cientos, por la Patria murieron.
Ahora están quietos, a la tierra pegados,

entre el honor, la gloria y la nada.
Derretido mi corazón de desaliento
en un paisaje de amargura,
a veces mi alma sangra
cuando estas humildes cartas escribo,
volviendo el aire en un suspiro
en un paisaje de amargura.

Yo creo que cada lector de estas humildes cartas debiéramos trenzar cada fibra de nuestra piel y desnudarnos el alma para poder palpar, con todo nuestro amor y nuestro inmenso cariño, a estos héroes que hasta hace pocos años sus nombres eran desconocidos para la inmensa mayoría de todos nosotros.

35

La carta de hoy está escrita por uno de los Héroes, cuyo nombre, desde que era muy niño, siempre me preguntaba quién pudo ser y qué merecimientos obtuvo para que figurase en una de las principales calles de nuestra ciudad, en el barrio Isaac Peral (Tesorillo), y dice así:

Queridos melillenses:

Soy Fernando Fernández de Cuevas y Ramón, capitán de Infantería del Regimiento África n.º 68. Estoy casado con mi bella esposa, Mercedes Pérez, y somos padres de tres niñas preciosas. Nací en La Habana, Cuba, el 16 de noviembre de 1876, e ingresé en el Ejército en agosto de 1892, y tres años más tarde salí como segundo teniente, destinado al Regimiento de Infantería León n.º 38. Más tarde me destinaron al Batallón de San Fernando n.º 11; Ciudad Rodrigo n.º 7; y al Expedicionario de Filipinas n.º 7. En 1900 asciendo a capitán y en 1907 me destinan al África n.º 68. Participé en 1908 en la toma de Cabo de Agua y en Sidi Hamed hasta el 17 de julio de 1909, y el 2 de ese mes salgo del Hipódromo con la Columna del coronel Álvarez Cabrera. Los moros me mataron el 23 de julio de 1909, en el aduar de Iguemarien, durante los combates de Sidi Musa.

Tengo que decir que, a petición de mis familiares, setenta años después, el 3 de noviembre de 1979, me trasladaron al Cementerio de la Almudena, de Madrid. Pero eso no quita para que yo visite a mis compañeros cada vez que me apetezca, y también a un muchacho al que llegué a tomarle cariño por su nobleza y buen hacer; con el que me encuentro charlando en estos instantes. Se llama Manuel Fuster Salvador, nacido en Aguaviva, un pueblecito de la provincia de Teruel. A este soldado, de 22 años, lo mataron el 13 de agosto de 1909, en Sidi Hamed; y como fui yo el que lo recibió con sus heridas de muerte, cada vez que visito la Purísima se acerca a saludarme, y a continuación, siempre con lágrimas en los ojos, me da un gran abrazo, recomendándome que me atuse el bigote: «¡El bigote, mi capitán!». Ahora me está diciendo que no sea tímido, y les diga que me concedieron la Cruz de Segunda Clase Laureada de San Fernando; y la de María Cristina, que me otorgaron el 21 de septiembre de 1897. También debo agradecer, de todo corazón, a las autoridades que colocaron mi nombre en una de las calles del barrio del Tesorillo.

Yo, en la Almudena, desde aquel año de 1979, sigo la historia de nuestra ciudad, y créanme si les digo que paso más tiempo en la

Purísima que en Madrid. Desde las escaleras del Panteón de Héroes, en este precioso jardín, nos despedimos de ustedes, el soldado Manolo Fuster y este que les escribe, capitán Fernando Fernández de Cuevas, con todo el cariño que ustedes merecen. Sepan que cuando visiten a todos mis compañeros, mi alma se encuentra entre ellos, lo que les agradecemos infinitamente.

Sé que muchas personas sienten en su interior una especial desidia, como antaño los tulipanes, lirios y pensamientos crecían junto a algunas de estas tumbas y panteones, todos inclinados en señal de tristeza, resignación y respeto.

Ustedes, señores autoridades, saben muy bien que estos héroes se encuentran en el lado amargo y dulce de nuestra historia: amargo, porque toda muerte es un espanto para los padres y allegados; y dulce, porque fue por una causa patriótica, en la que dieron lo más preciado que poseían: sus jóvenes vidas, para que nuestra ciudad, nuestra Melilla, siga siendo España.

36

La carta de hoy, por los detalles tan concretos y precisos que da este soldado que la escribe, merece que mucha gente en Melilla se entere de la verdadera historia, y dice así:

Queridos melillenses:

Me llamo José Estela Martínez y pertenezco al Regimiento de Infantería de Melilla n.° 59. Nací en Valencia hace ahora 21 años. A las once de la noche del 16 de agosto de 1909 fallecí en el Hospital

Militar. Fue a consecuencia de las heridas que me infringieron los moros en Sidi Musa.

El motivo de esta carta, aparte de poder saludarles, al igual que muchos otros compañeros lo vienen haciendo desde hace varios meses, es que me he tomado la libertad de dirigirme a ustedes. Muchos de ellos, que cayeron después que yo, me han comentado que el día 29 de septiembre de 1909, cuando el coronel de mi Regimiento, D. José Benedicto, al ascender a general de Brigada y despedirse de la tropa en el hermoso patio del Cuartel de Santiago, ante el general de Brigada D. Pedro del Real y Sánchez Paulette, citó mi nombre, diciendo que pocas horas antes de que yo falleciera estaba cantando el Himno de mi Regimiento; y la verdad es que fue así, ya que en aquellos momentos unos enfermeros me miraban muy contentos, porque si estaba cantando era señal de que mi estado mejoraba; pero lamentablemente aquí estoy desde entonces. También me dijeron que quien lo relevó fue el entonces coronel Primo de Rivera.

Ben Aisa Mohatar, Mohamed Asmani y los hermanos Falku y Mohamed Amar, soldados de la Policía Indígena, muertos a finales del mes de septiembre cerca de Sidi Musa, cuando nos visitan desde su Cementerio de Sidi Guariach, nos han comentado que Amadi, un paisano suyo, nacido en Farhana, condecorado con la Cruz del Mérito Militar, ese mismo día 29, cuando montado en una mula se encaminaba hacia su vivienda ondeando una bandera española para colocarla en la fachada de su casa, se la encontró ardiendo, pero el capitán González Nandín, con una compañía del Regimiento África 68, le ayudó a sofocar el fuego. Me dijeron que este Amadi era pariente de otro amigo de España: Mohamed Aguari.

También tengo que decir que como fui mecánico, he hecho amigos civiles y solemos pasear juntos por estos preciosos patios y hablar de cosas de nuestros trabajos. Yo me encuentro en el Panteón de Margallo, y algunos de ellos, muertos varias décadas después que yo y enterrados con sus familias, a veces nos invitan junto a ellas. Hay un grupo muy simpático que trabajaba en el Ayuntamiento de la ciudad, en la sección de mecánica; y aunque no recuerde todos sus nombres, al menos mencionaré a Manuel Añón, Castillo, Francisco Aranda, Mariano e Imbroda; todos ellos buenos profesionales, ya que sin tener apenas piezas, ellos se las apañaban muy bien para hacer funcionar los automóviles del Ayuntamiento.

Tengo que decir que la diferencia de edad no importa, ya que ellos fallecieron cuando contaban más de cincuenta años, y algunos con muchos después de su jubilación. Parecen que son como mis padres, cuando realmente pueden ser mis hijos; porque si cuando me mataron los moros, en 1909, yo contaba veintiún años, algunos de ellos eran unos críos o niños de teta. Me parece algo inverosímil, como raro, que yo los trate como si fuesen mis maestros. La verdad es que este grupo de trabajadores del Ayuntamiento, todos ellos son muy agradables y siempre andan de bromas entre ellos; siendo su gran pasión el juego del dominó.

A pesar de encontrarme tan a gusto contándoles estas vivencias, se me ha ido el santo al cielo, y no tengo más remedio que despedirme, rogándoles a los familiares de estos amigos, mecánicos, que cuando los visiten, no se les olvide hacer una parada en nuestro panteón; porque tanto ellos como todos los que caímos en defensa de Melilla, siempre se lo agradeceremos.

Reciban un fuerte abrazo, con mi sonrisa más sincera.

Yo creo que estarán de acuerdo conmigo en que los nombres de estos héroes, mezclados con los civiles que yo voy desgranando en estas páginas, son como luces radiantes, cargadas de proezas. A pesar de estar enterrados en sus tumbas remotas y silenciosas, sujetos por cadenas de flores y laureadas esperanzas, humildemente es mi deseo abrir un camino de comunicación entre ellos y los lectores de buena fe, y llenarlo con la gran riqueza de nuestra Patria.

37

Esta carta la escribe un oficial que cayó muerto, junto a varios de sus compañeros, entre los años 1855 y 1865, en uno de los antiguos fuertes exteriores que existían en Melilla. El que escribe es un capitán, y dice así:

Queridos melillenses:

Me llamo Tomás Gómez Guijarro y soy capitán de la 3.ª Compañía del Batallón Disciplinario. El día 22 de septiembre de 1865, al salir del Fuerte del Rosario, recibí en la misma puerta del fuerte una traicionera descarga de fusilería, donde caí muerto al instante. El 12 de diciembre de ese mismo año también murió, en las mismas circunstancias, mi compañero, el capitán D. José Jiménez Roca. Tengo que decir que en 1848, en el mismo lugar, otro compañero, el capitán de Artillería D. Francisco Lasaleta, cayó muerto de un disparo en la frente.

Años más tarde, el 25 de noviembre de 1855, el teniente coronel D. Isidoro Varela Leijar, al tomar la casa del moro Busián, en la Loma de Cabrerizas, fue herido de muerte junto al teniente de mi mismo Batallón, D. José Almanrich. Fuimos tantos los que caímos en aquella década en los fuertes exteriores, que merecen ser conocidos algunos de nuestros nombres; como el del capitán del disciplinario D. Antonio Satio Burnadiego, el subteniente D. Julián de Gras y Díaz, muertos los dos el 9 de septiembre de 1856. También el día 5 de febrero de 1860, el teniente del Fijo de Ceuta D. Francisco Rominguera, cuando al salir voluntario a una misión de reconocimiento, cayó acribillado junto al Fuerte de San Ramón.

Todos los que he nombrado estábamos enterrados en el antiguo Cementerio de San Carlos de la Alcazaba, junto a los fuertes de San Carlos y San Miguel. Ante la inminente secularización de este camposanto, el periodista D. Manuel Ferrer, en un encendido artículo patriótico, en El Telegrama del Rif, *de fecha 8 de enero de 1904, solicitaba nuestros traslados a este, recién construido, de la Purísima; pero al parecer, estos traslados no se llevaron a cabo, ya que a día de hoy nos encontramos en el gran osario bajo la Torre del Campanario de la Iglesia de la Purísima Concepción, que es donde me encuentro escribiéndoles. De todas formas, en el lugar donde se encuentre el alma de este señor, le damos infinitas gracias.*

Ruego, y es nuestro deseo, que, al leer esta humilde carta, piensen que todos nosotros ofrecimos nuestras vidas por la españolidad de nuestra ciudad, y cuando visiten esta Iglesia, sepan y jamás olviden que bajo sus pies se encuentra una parte de la gloria de nuestra Patria.

Reciban un cariñoso saludo.

Como habrán comprobado, ya en 1904, Manuel Ferrer, otro amante de nuestra historia, solicitaba con afán a la Junta de Arbitrios que los cuerpos de estos héroes fuesen trasladados a la Purísima, y que la propiedad de sus sepulturas fuera a título de propiedad perpetua, pero, desgraciadamente, no fue así.

Sobre el tema de los enterramientos y lápidas, mi gran amigo José Luis Blasco López, que fuera insigne presidente de la Asociación de Estudios Melillenses, gran hontanar de datos donde se han surtido, y aún siguen haciéndolo, varios historiadores de prestigio, experto en iglesias, santos, vírgenes y beatas, ya publicó en su día *Criptas, cementerios y enterramientos a lo largo de la historia de Melilla*; en el que se puede leer que bajo el suelo de la Iglesia de la Purísima Concepción, en la Cripta de las Ánimas, en la de la Tahona, en la del Rosario y en el gran Osario bajo la Torre del Campanario, construido este con sillares, similares a los Aljibes de las Peñuelas; igualmente bajo los suelos de algunas calles adyacentes a la Iglesia, se encuentran cientos de cadáveres. Yo creo que cada vez que levantan alguna losa de esa parroquia para su reparación, deben aparecer restos de españoles fallecidos durante todos los siglos de nuestra historia.

Como modesto escribidor, con estas humildes cartas, y emulando a nuestro paisano M. Ferrer, intento que las autoridades actuales, sean quienes sean, declaren el Cementerio de la Purísima: Cementerio Nacional de Héroes de España; porque no solamente se encuentran enterrados los que lucharon en los campos de batalla, que fueron miles, también están los que arribaron como colonos, huyendo de las miserias de sus tierras de origen, y construyeron con sus esfuerzos nuestra cultura e idiosincrasia, la que hoy podemos admirar al pasear por nuestras calles rectilíneas, los edificios, tan admirados mundialmente, que nos legaron los mejores arquitectos e ingenieros de aquellos años.

P. D.: Pregunto al que sepa, quiera o le apetezca contestar:

1. ¿Dónde se encuentra la lápida funeraria del capitán Lasaleta?

2. ¿Están detallados los nombres de todas las personas que fueron enterradas en esas criptas?
3. Si es así, ¿dónde está ese archivo, tan importante para nuestra historia?

Creo que si algún investigador, con acceso libre a esos archivos parroquiales, si es que los hay, debiera sacarlos a la luz, con un ritmo propio, exquisito, real y pausado, ya que se trata de una información muy querida, estimada y de primerísimo orden histórico.

38

Existen nombres de militares de alta graduación que mucha gente en Melilla desconoce. Uno de ellos es el del teniente coronel Ortega Lores, y su carta dice así:

Queridos melillenses:

Me llamo José Ortega Lores y pertenezco al Batallón de Cazadores de Arapiles n.º 9. Nací en Barcelona el 16 de agosto de 1856. Pocos días me faltaban para cumplir los cincuenta y tres años cuando, el 27 de julio de 1909, me mataron los moros en el Barranco del Lobo, junto al glorioso general D. Guillermo Pintos Ledesma.

El motivo de dirigirme a ustedes es que tengo por vecino, en el Panteón de Margallo, al general de Brigada D. Darío Díez Vicario. Él está en la fila 3 n.º 9, y yo, en la misma fila, en el n.º 7. Desde hace tiempo me comenta que debiéramos escribirles a ustedes, como lo están haciendo muchos compañeros, para que así conozcan nuestros nombres, los hechos de armas y los lugares donde caímos. Vencida mi timidez, aquí me tienen ustedes: junto al general de brigada Díez Vicario.

El general Díez es un cántabro, nacido en Reinosa dos meses antes que yo, el 16 de junio de 1856. Heroicamente, cayó al frente de sus tropas del Regimiento de Infantería Covadonga n.º 40, en las inmediaciones de Zeluán, en el combate librado el 30 de septiembre de 1909 en el zoco Jemis de Beni Bu Ifrur. Este zoco dista siete kilómetros de Zeluán, al oeste de la Alcazaba. Como dato anecdótico, debo señalar que, por esas fechas, en el Batallón de las Navas, se presentó como voluntario un prestigioso abogado de Cartagena, familiar del teniente de Caballería señor Angosto.

El general me dice que no refleje las recompensas que luce en su pecho, pero que detalle las mías. Como sería largo y necesitaría varios folios para reflejarlas, solamente diré que los dos nos sentimos muy honrados en llevar en nuestros pechos las condecoraciones que nos impuso nuestro Ejército: desde la Declaración de Beneméritos de la Patria, Cruces de San Hermenegildo, de María Cristina, Cruces Rojas y Blancas, y las que nos guardamos en nuestras almas para entregarlas a cualquier soldadito que nos encontramos, a menudo, paseando por estos patios, todos empapados de heroísmo, ya que fueron ellos, soldados españoles, los que se cubrieron de gloria patria bajo nuestro mando, ofreciendo sus vidas frente al enemigo, en defensa de nuestra ciudad, nuestra cultura e idiosincrasia europea, como el soldado de mi Batallón, Francisco Pérez Jiménez, que solo es un muchacho de veinticuatro años. Este soldado es soltero, nacido en Navarredonda, en la provincia de Salamanca, y me dice que falleció a las dos de la madrugada del 24 de septiembre de 1909 en el Hospital Militar, a consecuencia de una peritonitis abierta debido a la explosión por un proyectil en el fatídico Barranco del Lobo.

Mi general me comunica que también les diga que a las 8 de la mañana del día 30 de ese mismo mes, la Banda de Música del Acorazado Carlos V interpretó el Himno a la bandera *en honor de nuestras tropas, por la victoria obtenida ese mismo día.*

Y como sé que hay muchos otros compañeros que también desean dirigirse a ustedes: tanto el general de Brigada D. Darío Díez, el soldado Francisco Pérez y este teniente coronel que les escribe, desean enviarles un fuerte abrazo con el cariño que ustedes merecen. Rogándoles que cuando visiten a sus deudos, dirijan una mirada, una pequeña oración o una sonrisa a este panteón donde nos encontramos.

Cuando hablamos de los héroes, o escribimos sus nombres, refiriéndonos a sus hechos de gloria y laurel, cualquiera que tenga sensibilidad de Patria, no sé a ustedes, pero a mí me parecen bellos y hermosos, y más si son bañados de fina poesía. Yo tengo la sensación emotiva de que los que descansan en nuestro cementerio representan el generoso y perfumado corazón, crisol de todo lo español en esta orilla africana. Las almas que emergen, vestidas de incienso y arcoíris, desde la montaña abdominal de la Purísima, a veces la diosa Niké, nuestro Ángel de bronce, con cariño, las llama al orden, porque el viento que a él lo acaricia es traicionero, y con su filo cortante puede dañarlas.

39

Si tienen la curiosidad de observar el mapa de la provincia de Valladolid, podrán ver que cerca del pueblo de Rueda, famoso por sus caldos vinícolas, se encuentra La Seca, otro pueblo agrícola.

Bien, pues en este lugar nació un soldado de Infantería, pero mejor es que él mismo lo diga:

Queridos melillenses:

Me llamo Santos Moyano Moyano y nací en un pueblecito de Valladolid, llamado La Seca, en 1886. Cuando me incorporé a filas era labrador, como toda mi familia. Pertenezco al Regimiento de Infantería León n.º 38. A las seis y media de la mañana del 24 de septiembre de 1909, fallecí en el Hospital Militar. Mi muerte fue debida a las heridas que sufrí en el pecho y en la médula espinal, y créanme, si les digo, que mi agonía fue espantosa.

Les estoy escribiendo al dictado de mi compañero Carlos Mayorga Hernández, que es el que me ha enseñado a leer y a escribir desde que nos incorporaron a filas. Carlos es un salmantino con solo veintiún años, soltero como yo, pero es un estudiante de primera categoría, ya que ha estudiado en la misma ciudad de Salamanca; y creo que fue en la misma Universidad, aunque él no lo dice nunca. También pertenece al León 38, y tuve el glorioso honor de recibirlo a la puerta de este camposanto el día 17 de octubre de 1909, cuando lo mataron los moros en los alrededores de Nador. Desde entonces andamos los dos por estos paseos cercanos a nuestro Panteón, que es nuestra habitual residencia.

A veces nos encontramos con personas civiles, que espontáneamente, nos abrazan y nos cubren de besos. Al principio a mí me extrañaba mucho, preguntándole a Carlos el motivo de esos gestos tan familiares y cariñosos que a mí me abrumaban tanto. Él me dijo que muchos de los civiles que se encuentran descansando en estos patios, siempre están muy agradecidos de nosotros, ya que durante siglos la ciudad ha sido atacada y asediada por los fronterizos y nuestro

Ejército siempre los ha rechazado. La verdad es que me encantaría escribirles muchas cartas, pero sé que hay muchos compañeros que esperan impacientes enviarles saludos como nosotros.

Sin más que decirles, reciban un fuerte abrazo de dos soldados españoles, castellanos. No se olviden de dirigirnos, al menos, una mirada, acompañada con una sonrisa, cada vez que acudan a visitar a sus deudos.

Como sé que no soy poeta, les solicito mis humildes disculpas por los versos que en 1985 escribí sobre mis padres, enterrados en la Purísima; que ahora hago público debido a que ellos siempre desearon, tras sus muertes, fueran enterrados junto a los héroes de todas las épocas que han defendido la españolidad de nuestra ciudad:

Ellos escuchan llorar a los cipreses
mecidos por el viento,
quietos en sus tumbas silenciosas
oyen romper las olas en el acantilado.
No duermen, porque viven en mi recuerdo.
Están juntos y sonríen al verme.
Me hablan de amor y de dicha.
Son mis padres, desde el cielo.

40

La carta de hoy la escriben tres cabos del Batallón de Arapiles n.º 9, perteneciente a la 1.ª Brigada Mixta de Cazadores de Madrid, a cuyo mando estaba el general D. Guillermo Pintos Ledesma, y como jefe de Estado Mayor, el comandante D. Carlos Alonso Novella, y dice así:

Queridos melillenses:

Me llamo Leandro Martín Rollón y soy cabo de Infantería del Batallón de Arapiles n.º 9. Les estoy escribiendo desde la puerta del Panteón de Margallo, junto a dos compañeros de mi mismo batallón. Hace veintiún años nací en un pueblecito de la provincia de Ávila que se llama Navatalgordo, y creo que mi madre me trajo a la vida en una calle cercana a la de Los Caños. Este pueblo dista pocos kilómetros de Navaquesera.

Y como les decía antes, tengo a mi lado al extremeño Ángel Martín García, también soltero, nacido en Casas de Monte, en la provincia de Cáceres; y a Esteban Macarrón Cabrerizo, con novia en su pueblo, San Esteban de Gormaz, en la provincia de Soria. Esteban me dice que nació en la calle Mayor, cercana a la carretera de Valladolid.

Los tres somos cabos de Infantería del Batallón de Arapiles n.º 9, y también, junto a muchos compañeros de otros batallones, nos mataron los moros el 27 de julio de 1909 en el Barranco del Lobo. Ese mismo día, en la Loma de los Lavaderos, también cayó de un cobarde disparo en el ojo izquierdo nuestro general D. Guillermo Pintos Ledesma, cuando estaba al mando de los Batallones: Madrid n.º 2, Barbastro n.º 4, Figueras n.º 6, Las Navas n.º 10, Llerena n.º 11, Escuadrón de Caballería María Cristina n.º 27, un grupo de tres baterías del 2.º Regimiento de Montaña (Vitoria), 2.º Mixto de Ingenieros, Administración Militar y una sección de Ambulancias; y también del nuestro, Arapiles n.º 9.

El general está en la fila 3, n.º 5, del Panteón de Margallo; y desde allí, cargado su pecho de cruces y medallas, nos anima a todos los que nos cruzamos a su paso con cariñosas palabras. A veces lo vemos charlando con nuestro capitán D. Droctoveo Castañón y el teniente coronel D. José Ibáñez Marín, del Figueras n.º 6, muerto el jueves 23 en Los Lavaderos, el mismo lugar donde nos mataron a nosotros.

Queridos lectores: Desde este apacible lugar, que merece ser cantado por cualquiera que posea el alma limpia, nos despedimos de ustedes con un fuerte abrazo, no sin antes rogarles que al pisar este camposanto, con una pequeña sonrisa, recen una pequeña oración por nuestras almas.

Yo creo que lo que estos héroes nos transmiten, con sus peripecias de líricos vuelos por nuestro cielo azul, son sus humildes canciones de gloria, impregnadas en una columna de cenizas de sergas, hazañas que alcanzaron cuando ofrecieron sus vidas por la Patria. Estos héroes españoles poseen una sublime compenetración, por un imaginario hilo umbilical de la Madre Patria con la Madre Tierra. Esa es la verdadera y única realidad que poseen todos los que descansan en estos silentes patios de la Purísima.

41

La carta de hoy la escriben dos soldados de Infantería que han adoptado a un niño que fue grumete en el chambequín Andaluz, de la Plaza, y dice así:

Queridos melillenses:

Me llamo Vicente Falomir Chiva y soy soldado del Regimiento de Infantería de Melilla n.º 59. Hace veintiún años que nací en un pueblecito de Castellón de la Plana, llamado Borriol, y les estoy escribiendo desde el Panteón de Margallo, junto a mi compañero de regimiento Francisco Fababuig Martínez. Este es jornalero, como yo, pero como dice que escribe muy mal, siempre hace que yo coja el lápiz. Le he dicho muchas veces que no debe avergonzarse por su ortografía y caligrafía, ya que en nuestros tiempos, quien sabía leer y escribir, era un privilegiado, y él al menos lee todo lo que se le pone delante de los ojos.

El día 23 de julio de 1909, en el Barranco de Sidi Musa, Paco cayó muerto de varios disparos de los moros. A mí también me hirieron, pero dejé de respirar a las cuatro de la tarde del 9 de agosto, en el Hospital Militar. El parte médico decía que mi muerte era debida a una infección por herida de guerra. Creo que antes de que se me olvide, les diré que mi compañero nació en Chelva, un pueblo de la provincia de Valencia; más pequeño que el mío, aunque él siempre me porfía que es todo lo contrario.

También tengo que decir que desde hace más de un siglo, anda correteando por estos patios un zagal muy despierto que dice llamarse Calixto Gil. Una señora, llamada María de Mora, vecina de la ciudad antigua, es la que lo cuida como si fuese hijo suyo. Mi compañero y yo hemos hablado varias veces con ellos y según la señora el niño, con apenas catorce años, lo mataron en las murallas de la ciudad, el 13 de marzo de 1775, cuando el famoso Sitio que el emperador de Marruecos puso a la ciudad. El chavalillo era el grumete del chambequín, de la Plaza: Andaluz. Ella dice que murió en el acto, el día 7 de enero de 1775, a consecuencia de una bomba, de las que nuestros soldados de aquella época llamaban Rosario de Mahoma, que cayó en su casa, cerca de la Iglesia.

Y ahora, sintiendo mucho dejarles; con estas humildes líneas, nos despedimos de ustedes, enviándoles un beso muy fuerte, y rogándoles que nos visiten cada vez que vengan a rezarles a sus deudos. Nosotros nos conformamos con una sonrisa, que es bien poco.

Yo creo que nuestros héroes, ebrios de néctares y de divino nepente, licor que los dioses empleaban para curarse las heridas, nosotros, los que los recordamos en estas cartas, lo hacemos como la primavera cuando extiende por todas partes las brisas suaves de Favonio. También les digo que todos ellos hicieron grande e inmensa nuestra Patria. Le proporcionaron un gran río de gestas heroicas y le dieron un robusto árbol de hondas raíces sublimes, escritas todas ellas en las páginas más gloriosas de nuestra Historia, porque, en lo más profundo de sus inmortales almas, todos eran hijos de España, que dieron sus vidas por nuestra ciudad.

Gracias al bibliógrafo e historiador D. José Luis Blasco, que ha tenido la bondad de proporcionarme los datos de los nombres, destinos y fechas de fallecimientos de todos los que cayeron en los campos de batallas y en las centenarias murallas durante el Sitio (1774-1775), aparecerán en estas cartas, y desde estas líneas le envío un fuerte abrazo.

42

La carta de hoy la escribe un soldado de Infantería, que, por los datos históricos que aporta, es merecido que se lean, y se sepan; y dice así:

Queridos melillenses:

Me llamo Leogardo Giménez Paniagua y pertenezco al Batallón de Infantería de Madrid n.º 2. Nací en Cervillego de la Cruz, a pocos kilómetros de Fuente el Sol, un pequeño pueblo de la provincia de Valladolid. Soy huérfano de madre, que según mi padre, ella falleció al traerme a la vida, hace ahora veintiún años. Les estoy escribiendo, como lo suelen hacer muchos compañeros, desde el Panteón de Margallo, cercano a las escaleras del «Ángel». El día 28 de julio de 1909 fallecí a consecuencia de unas fiebres tifoideas, ocasionadas por las heridas que los moros me infirieron el día anterior.

Hace unos días me encontré al soldado Francisco Martín Jordán, del Batallón de las Navas n.º 10, cuando visitaba al general Pintos; cosa que me llamó la atención, ya que viene desde el lugar donde está enterrado; y al preguntarle el motivo de esa visita, el muchacho me contó que el día 27 de julio de 1909, cuando recuperó dos mulas cargadas de armamento que los moros se llevaban, el general Pintos lo llamó para felicitarlo, abrazarlo y ofrecerle que montara el caballo de un jefe moro. Cuando ya se despedían, al sentarse el general en una gran piedra que había en la ladera, recibió este un disparo que le causó la muerte instantánea. Desde entonces este soldado no deja de hacerle su visita de respeto y cariño a su general.

Cuando estábamos comentando el hecho, se acercaron cuatro soldados que cayeron en las murallas de la Plaza, el día 9 de enero de 1775, cuando el emperador marroquí puso sitio a Melilla. Sus nombres son José Soline, soldado granadero del Regimiento de Nápoles; Matías Torrijo, del Regimiento de La Princesa; Baltasar Giner, del Batallón de Ligeros de Cataluña, y Francisco Madrigal, desterrado, destinado en la Maestranza, que fue tratado como uno más de los héroes caídos en esas murallas defensoras de la Plaza.

La verdad es que, sintiendo mucho tener que dejarles, sin otro particular y con pesar, me despido de ustedes, deseándoles lo mejor. Ruego que al pasar por nuestro panteón nos brinden una simple sonrisa y una corta oración por nuestras almas.

Un abrazo muy fuerte.

Muchos melillenses que peinamos canas recordamos la famosa Piedra Pintos, a que se refiere nuestro soldado Leogardo. Como sabrán, es aquella a la que íbamos de gira campestre algunos días buenos de sol, en la que se podía leer la famosa inscripción funeraria del glorioso general D. Guillermo Pintos Ledesma.

Sirvan estas humildes líneas de recuerdo hacia él y a los que cayeron en esa ladera del Gurugú en aquellos días tan gloriosos para nuestra Patria.

43

La carta de hoy la escribe un joven oficial, de tan solo diecinueve años, y dice así:

Queridos melillenses:

Soy Antonio Muñoz León, 2.° teniente del Batallón de Infantería de Llerena n.° 11, y les estoy escribiendo desde el n.° 9, fila 4, del Panteón de Margallo. Nací en la tierra de María Santísima, la

Sevilla de mi alma, el 31 de julio de 1890. Los moros me hirieron en Sidi Musa el 27 de julio de 1909, falleciendo al día siguiente en el Hospital Militar de Sangre del Cuartel de la Florentina; así que solo me faltaban tres días para cumplir los diecinueve años, y frustrado mi ingreso en la Escuela Superior de Guerra; pero lo que más siento es la honda pena que mi madre, viuda, tuvo que padecer tras mi muerte.

Tengo a mi lado a un soldado que, por la edad que tiene, no sé si tutearle o hablarle de usted, ya que podría ser mi bisabuelo, aunque él, como es catalán, me suele llamar «noi» (muchacho), cosa que no me importa, a pesar de ser yo oficial. Se llama José Masachs. Me dice que es soldado del 2.º Batallón de los Voluntarios de Cataluña, y que lo mataron los moros en una de las troneras del Fuerte de San Miguel, el 17 de enero de 1775, cuando el emperador de Marruecos puso sitio a la Plaza.

También, hace un rato, se ha presentado, desde el lugar donde está enterrado, a saludarme, el soldado de mi Batallón: Hermenegildo Castero de la Cruz, y el civil, José López Sánchez, trabajador de la prensa; que al parecer siempre andan juntos dando paseos por estos patios, ya que se conocen muy bien, desde lo ocurrido a Castero el 27 de julio, día en que me hirieron. Resulta que mi soldado, al estar persiguiendo él solo a varios moros cerca de uno de los barrancos, y cuando estaba a punto de caer prisionero por ellos, el empleado del periódico cogió un fusil que se encontraba en el suelo, y haciendo varios disparos, logró ahuyentar a los enemigos.

Me preguntan si recuerdo a los fronterizos cuando se encajaban unos sacos mojados en una lechada de cal y tierra, a los que les hacían dos pequeñas aberturas para sacar los brazos, y una mayor para la cabeza. ¡Pues claro que lo recuerdo! Eran los francotiradores y creo que uno de ellos pudo ser el que alcanzó, traicioneramente, al glorioso general Pintos. A veces nos costaba trabajo localizarlos, presentando menos blanco a nosotros. Pero sí que recordábamos a un moro al que bautizamos como Juanito el Cazador, pero resultó que con esos sacos manchados de cal y arena, eran varios los Juanitos los que nos causaron varias bajas desde las chumberas. Hubo otro, que los de Las Navas lo apodaron el Perro Paco; aunque debo decir que, gracias a Dios, todos esos francotiradores fueron eliminados uno a uno.

A veces comentamos los hospitales donde fallecimos algunos de nosotros: En el de la Florentina, en el del Teatro, en el Casino Militar o en el Cuartel de Santiago, donde muchas mujeres y hombres altruistas, todos civiles, nos atendían con el cariño de unos padres. También debemos agradecer la labor que llevaron a cabo las Hermanas del Buen Consejo y muchos periodistas locales, y también los venidos de fuera, que ayudaron a transportar heridos en camillas, dándonos el ánimo que siempre necesita un soldado herido en el campo de batalla.

Deben disculparnos si nos despedimos; ya saben que después del toque de Silencio, todos debemos descansar, para estar frescos al de Diana, y si es Floreada, tanto mejor. Reciban de todos los que estamos sentados en esta escalera, un fuerte abrazo. Desde el Panteón de Aviación, jugando con otros niños civiles, Calixto Gil, el grumete del jabeque «Andaluz», nos grita diciéndonos que él también les envía besos; y muy particularmente a una señora, asidua lectora de estas cartas, que se emocionó al leer su nombre, cuando correteaba por estos silenciosos patios. Así que, con todo el cariño y la sonrisa de Calixto, recíbanlo, junto a los nuestros.

Como ustedes saben, en el barrio del Tesorillo hay una calle con el nombre Voluntarios de Cataluña y está rotulada en honor y a la memoria de aquellos voluntarios: soldados españoles, catalanes, como José Masachs, que vinieron a nuestra ciudad para defenderla cuando estaba sitiada por el emperador marroquí, Sidi Mohamed. Sirva esta carta en memoria y honor de esos voluntarios, y de todos los que dieron sus vidas por la Patria, y por ende, por nuestra idiosincrasia y por nuestra cultura europea, o sea, por la Melilla española, que todos disfrutamos desde hace más de cinco siglos.

44

La carta de hoy la escribe un soldado mirandés, o como a él le agrada que le llamen, Mirandilla, nacido en Miranda de Ebro, en la provincia de Burgos, y dice así:

Queridos melillenses:

Me llamo Laureano Gómez Pérez y soy soldado de Infantería de la División Sotomayor, de la 1.ª Compañía, del 2.º Batallón del Regimiento de Cuenca n.º 27. Tenía veintidós años cuando fallecí en el Hospital Militar a la 1 de la madrugada del 22 de noviembre de 1909, a consecuencia de unas fiebres tifoideas por las graves heridas que sufrí en el campo de batalla. Les estoy escribiendo desde la escalera aledaña a nuestro panteón, acompañado de dos soldados del Disciplinario: Macías y Martínez, compañeros y paisanos, que de vez en cuando nos hacemos una visita para comentar cosas de nuestro pueblo.

Macías acaba de recordarme una anécdota ocurrida el 31 de julio, mientras yo me encontraba, casi moribundo, en la cama del hospital. Resulta que en la oficina de Correos de nuestro pueblo apareció un pequeño paquete, sin remitente y sin franquear, en cuya cubierta se podía leer: «Suplico a los dignos oficiales de Correos, hagan llegar esta caja de habanos a nuestro campamento en Melilla, y sea allí entregada a los oficiales del Batallón Disciplinario, señores Artal y Carrasco, para que los repartan con los soldados: Macías y Martínez, que en el memorable combate del 23, tan alto han dejado el buen nombre de nuestro Ejército, recuperando el cañón que se llevaban los moros. ¡Viva España!».

Sé que el jefe de Correos de Miranda le comunicó a su compañero en Melilla que, por lo excepcional del caso y el patriótico fin del remitente, y dada la confianza que este ha depositado en los empleados postales, le rogaba que, una vez entregado y sin cobrarles tasa alguna, le acusara recibo para hacerlo público en el tablón de anuncios de su oficina. Macías me dijo que esa caja de puros fue repartida hasta agotar todos los puros entre muchos compañeros del Batallón.

Juan González, un desterrado al que los moros mataron cuando trabajaba en los huertos cercanos a la Plaza, el día 30 de enero de 1775, me dice que ya le hubiese gustado a él fumarse un habano de los que ese anónimo donante les regaló a los del Disciplinario. Deben saber que, junto a los que caímos en los años de este siglo XX, solemos charlar con compañeros muertos en otros siglos, como Pedro Penacho, soldado del Regimiento de Galicia, que cayó de un balazo traicionero de los moros, estando de centinela en el Fuerte del Rosario, el 7 de octubre de 1822.

Desde este jardín, junto al mar, nos despedimos de ustedes, mis queridos amigos, con un fuerte abrazo, esperando que este relato en el recuerdo les haya agradado. También rogamos que cada vez que visiten a sus familiares, nuestros vecinos, piensen con una pequeña sonrisa, que estaremos juntos para toda la eternidad. Un beso.

Reitero mi agradecimiento a José Luis Blasco, porque gracias a él, estos datos, con nombres, fechas, hechos de guerra y lugares, que figuran en estas humildes cartas, ustedes los van conociendo paulatinamente, y con la esperanza de que les agrade, por supuesto. Yo creo que para exaltar las glorias de nuestros héroes no hacen falta búsquedas de códigos que puedan abrir alma alguna, porque estas ya se encuentran abiertas de par en par, y son ellos mismos los que cantan sus memorias en estas páginas; porque si les digo la verdad, yo escribo el prólogo y el epílogo y ellos, con la musa de la gloria, humildad característica que poseen todos los héroes, hacen el resto.

Panteón de Aviación.

45

Panteón de Héroes en 2025.

La carta de hoy la escribe un soldado del Batallón de Figueras n.º 6 y, por el contenido de la misma, debiera llevar por título *Una historia que pudo ser inventada*, y dice así:

Queridos melillenses:

Me llamo Cesáreo Blázquez Hernández y pertenezco al Batallón de Figueras n.º 6. Les estoy escribiendo desde el sepulcro de una niña arrodillada en un cojín de mármol, junto a mi compañero Elías Agusil Amorós. Él cayó muerto en Sidi Musa el 23 de julio de 1909, y yo en el zoco Beni Bu Ifrur el 30 de septiembre del mismo año. Elías, por las heridas que sufrió en la cabeza, no se acuerda del nombre del pueblo donde nació, pero sí de que tiene esposa y un hijo de corta edad; aunque por su forma de hablar y de citar lugares, intuyo que su madre lo trajo a la vida cerca de mi pueblo: Hoyorredondo, en la provincia de Ávila.

Elías, a pesar de las lagunas en su memoria, me ha contado una historia que yo ignoraba, pero comentándola con varios compañeros, creo que pudo ser real. Resulta que en la mañana del 29 de julio de este año de 1909, se presentó en el Campamento de la 2.ª Caseta, el cabo de nuestro batallón, Mateo Terrón Presumido, declarando que estuvo prisionero de los moros desde nuestra retirada, el día 23, y obligado a vestir una chilaba parda y recoger muertos y heridos del enemigo en el campo de batalla; y también a tomar parte, en contra de su voluntad, en el combate del 27, en favor de los moros. Pero él dijo, como disculpándose y entristecido, que solo disparaba contra las piedras, y jamás contra sus compañeros. A la mayor oportunidad que tuvo, pudo escapar, y como ya digo, después de deshacerse de la chilaba, se presentó en el Cuerpo de Guardia del Campamento, y explicó todo lo que, según él, le aconteció durante su corto cautiverio. Ante la duda, y en espera de que se aclarase el suceso, lo ingresaron en un calabozo. Mateo Terrón nació en Zarza la Mayor, un pueblo de la provincia de Cáceres. Muchos compañeros nos dicen que esta aventura salió publicada en el periódico de la ciudad.

Desde la Bóveda de la Cofradía de la Soledad, en la Iglesia de la Concepción, acaba de presentarse el cadete José Miguel Sancho Zazo y Berdiel, de las antiguas compañías fijas, y nos dice que en los años que él prestó servicio en la Plaza, en el siglo XVIII, también era costumbre del enemigo capturar a incautos soldados españoles para esclavizarlos y que trabajaran en sus huertos; incluso algunos desterrados, cuando se evadían del Penal. Este cadete dice que cayó en las murallas, en defensa de la Plaza, el día 7 de marzo de 1775, cuando *el famoso Sitio. También el soldado Pedro Monteyo de Módena, del Regimiento de Infantería de Nápoles, que cayó en la Rampa de la Florentina, cinco días antes que el cadete Sancho Zazo, también está de acuerdo con esa afirmación.*

Todos los que estamos aquí reunidos, a los pies de la diosa Niké, nuestro Ángel de bronce, les damos infinitas gracias por leernos, porque así sabrán nuestros nombres, las unidades donde pertenecimos, y los lugares donde caímos en la defensa de nuestra ciudad. Reciban un fuerte abrazo, con nuestro cariño más sincero.

El 19 de marzo se cumplieron doscientos cincuenta años de que el emperador marroquí, Sidi Mohamed, abandonara el Sitio que puso a nuestra ciudad. Sería muy *laudabilis,* ergo benemérito y plausible, por parte de las autoridades, tanto civiles como militares, que se les hubiesen rendido unos sencillos honores a los 90 españoles —ochenta y ocho soldados y desterrados; una mujer, María de Mora; y el niño grumete, Calixto Gil— que cayeron en su defensa durante esos cien días. Yo, mediante estas humildes cartas, iré nombrando uno a uno a aquellos defensores de los famosos cien días, como a todos los que figuran sus nombres en las relaciones de caídos en defensa por nuestra ciudad durante más de cinco siglos. Esa es mi modesta forma de honrarlos y rendirles los honores que todos ellos se merecen.

46

La carta de hoy la escribe un soldado salmantino que, por lo que relata, referente a la historia, es merecido que se lea con mucha atención, y dice así:

Queridos melillenses:

Me llamo Pelegrín Aparicio de Arriba y soy soldado del Batallón de Arapiles n.º 9. Tengo veintiún años y aún permanezco soltero. Nací en Los Santos, un pueblecito de la provincia de Salamanca, muy cerca de Fuenterroble de Salvatierra y Valdecasas. El 27 de julio de 1909, los moros me mataron en el Barranco del Lobo de varios disparos en el pecho, y desde entonces permanezco en el Osario del Panteón de Margallo, donde les estoy escribiendo.

Tengo a mi lado a Pascual de Pablos Constanza, maestro de primeras letras; tiene veinte años y es soltero, como yo. Pascual viene de vez en cuando a visitarnos desde el lugar donde reposan sus restos, en la Iglesia de la Concepción. Este muchacho me dice que, debido a las necesidades que había en la Plaza, por el hambre que padeció, cogió la enfermedad de la tisis, muriendo el 16 de enero de 1852.

Entre los dos comentamos que Marcos Ruano López, reservista de mi mismo batallón, con casi treinta años de edad, se presentó voluntario para reincorporarse a luchar, como uno más de sus compañeros. Algo muy parecido hizo el señor Mariano Romero Campos, que vino de Águilas, en la provincia de Murcia, presentándose en la plaza para saber datos de su hijo, que prestaba sus servicios en un regimiento de Infantería. Ignorando la suerte que corrió su vástago, este buen hombre, que tenía la profesión de practicante, se ofreció voluntario a las autoridades militares para prestar sus conocimientos médicos en el Ejército. Se sabe que estuvo un tiempo como practicante-sanitario en el Hospital de Sangre en el Cuartel de la Alcazaba.

Pero lo más doloroso para los de mi batallón fue lo que le ocurrió al compañero, el soldado Cándido Morato Vadillo, que era natural de La Granja de San Ildefonso, en la provincia de Segovia. Resulta que durante la refriega, cuerpo a cuerpo, que tuvo que librar contra varios kabileños en una ladera del Barranco del Lobo, y cuando al fin logró zafarse de ellos y pedir ayuda a gritos, se dio cuenta de que había perdido el habla y el oído. Esta hazaña la escribió en un papel el 31 de julio de 1909, dirigida a nuestros superiores, quedando estos muy impresionados, como muchos de los compañeros que le ayudaron entonces, al observar también que el pelo se le había vuelto gris.

Deben disculparme si les he entretenido con estas historias, pero deben saber que son tan verídicas como la vida misma. Reciban un fuerte abrazo, y como dice la leyenda: «Una flor se marchita, una lágrima se evapora, pero una oración, siempre la recoge Dios». Por favor, recen por nosotros. Muchas gracias.

El Cementerio de la Purísima, con los soldados enterrados en sus panteones y civiles en sus sepulcros, es un lugar perfecto, entre el mar y la antigua Rambla del Agua (calle Castelar), para encontrarse en paz consigo mismo. También me hace recordar ese mismo sol, vestido de azul, cuando de niño, tantas veces me acarició con el viento mientras correteaba por esos patios silenciosos, y mi madre, y su hermana Virginia, limpiaban y rezaban ante la tumba de su padre, mi abuelo.

47

La carta de hoy la escribe un soldado, asturiano, de Oviedo; y la verdad es que vale la pena leer lo que nos ha escrito; y dice así:

Queridos melillenses:

Me llamo José García García y soy soldado del Regimiento del Príncipe n.º 3, de guarnición en Oviedo. Tengo veintitrés años y ya tengo tres hijos muy pequeños. Mi muerte, acaecida el 11 de noviembre de 1909, fue por unas fiebres tifoideas, debido a las heridas que sufrí en el zoco Had de Beni Sicar. En estos momentos les estoy escribiendo desde el Osario General de este bonito cementerio.

A mi lado tengo a uno de los héroes más nombrados en esta guerra de 1909. Me refiero a mi paisano y compañero de regimiento, el cabo laureado D. Luis Noval Terrós, que nos visita muy a menudo desde el Cementerio de El Salvador, de Oviedo. Luis nació en la calle de Santa Susana, cercana a la que mi madre me trajo al mundo, junto al Parque de San Francisco, en Oviedo y la Plaza de la «Escandalera». Y a ambos nos llamaron a filas en marzo de 1909. Nos incorporamos en la 3.ª Compañía del 2.º Batallón del Regimiento del Príncipe n.º 3. El 11 de abril juramos bandera, y el 14, a bordo del Ciudad de Cádiz, procedente de Málaga, desembarcamos en Melilla; marchando directamente al campamento cercano al Fuerte de Cabrerizas Altas.

Al mando de la columna del general Tovar, tomamos el zoco Had de Beni Sicar. En la noche del 27, cuando Luis era el encargado de seguridad y vigilancia de la posición, cayó en una trampa del enemigo, y estando en el suelo boca abajo, con una gumia en el cuello, y obligándole a que dijera la contraseña de los centinelas, lo que hizo fue gritar con todas sus fuerzas: «¡Fuego aquí, que son moros!». El sargento Joaquín Álvarez Lorenzo, que también está junto a nosotros, se emociona, porque fue él uno de los que presenciaron la hazaña, y lo declaró a los superiores. También lo hicieron el cabo Saturnino Camarero y el soldado Honorato Martín Montes. Luis, como es tan tímido, no suele enseñar su merecida laureada; pero nosotros sabemos que la lleva prendida en el lugar del corazón. Nos dice que en la próxima visita nos traerá unas sillas para evitar el frío de las escaleras de este Panteón, donde nos encontramos. Lo dice, esto sí, con todo el orgullo, porque es carpintero y ebanista.

También nos comenta que desde el 3 de octubre de 1916, cuando trasladaron sus restos al cementerio de nuestra ciudad, a veces se encuentra muy solo, ya que muchos de sus familiares más directos ya no están allí, y en este de la Purísima, como estamos todos los que dimos nuestras vidas por la Patria, él se encuentra muy a gusto con sus visitas. Otras veces lo acompañan los soldados de su compañía: Manuel Patiño Barbeito y Manuel Fandiño Rodríguez, que fueron los que iban con él aquella fatídica noche, y que también relataron de primerísima mano lo que ocurrió.

Deben disculparme si, debido al espacio de las páginas de este periódico, no les informo más de todo lo referente a nuestro cabo laureado D. Luis Noval. Sé que en los libros de Historia Militar figura todo lo referente a su vida. Reciban un abrazo de todos los que nos encontramos en estas escaleras del Panteón de Héroes.

También les rogamos que recen alguna oración por nuestras almas, que siempre mantenemos en paz.

Bueno, como habrán comprobado, este soldado nos ha relatado una pequeña parte de la gran hazaña que el laureado cabo

Noval protagonizó muy cerca de nuestra ciudad. Como homenaje a su gesta, se le dedicó una calle en el barrio del Tesorillo. Voy a transcribir lo que leí hace algunos años sobre este humilde y valiente cabo de Infantería del Regimiento del Príncipe n.º 3: «Diste tu vida por la Patria, escribiendo hermosa página de gloria en la Historia de nuestro Invicto Ejército español, como buen hijo y mejor Patricio, ¡cabo Noval en África!».

Sirvan todas estas cartas como un sencillo homenaje a todos los que dieron sus vidas por la defensa de nuestra ciudad.

48

No sé si alguna vez han oído el nombre del comandante de Infantería, López-Nuño. Bien, pues él va a ser el que se dirija hoy a ustedes; y dice así:

Queridos melillenses:

Soy el comandante Eduardo López-Nuño Moreno y pertenezco al Batallón de Infantería, Cazadores de las Navas n.º 10. Les estoy escribiendo desde la fila 4, n.º 16, en el Panteón de Héroes de este bonito camposanto, que más bien es un silencioso jardín. Nací en Granada hace cuarenta y cinco años; y desde el 28 de agosto de 1880, cuando contaba tan solo dieciséis años, ingresé como cadete en el Ejército. El día 27 de julio de 1909, en las lomas bajas del monte Gurugú, caí muerto de varios disparos en la espalda. Algunos soldados creen que fue un francotirador el que acabó con mi vida.

Tengo a mi lado a dos soldados que me dicen que así ocurrió. Estos muchachos pertenecían a mi mismo batallón, y por los años que llevamos juntos, les he tomado un cariño muy especial, y más aún, porque será para toda la eternidad. Uno se llama Camilo Jacinto Sánchez; nacido en Coria, un pueblecito de la provincia de Cáceres, y tenía veintiún años cuando los moros lo mataron en el Barranco del Lobo. El otro es Federico Jiménez, también con veintiún años; pero dice que no se acuerda ni del apellido de su madre, ni del pueblo donde nació. Yo le digo que no importa, ya que mientras la pena la embargó durante toda su vida, enlutada, ella lloró siempre su muerte. Pero lo más curioso es que él no sabe que la que lo trajo a la vida es la anciana que lo visita cada día; la que le habla y le besa la herida de muerte que tiene en la frente, acariciándole la cara, de mirada a ninguna parte, embelesada en su sonrisa de azúcar. Estos dos soldados fallecieron en el mismo lugar y el mismo día que yo; como tantos compañeros que nos encontramos aquí.

Debo decir que también se acerca a nuestra reunión un chavalillo, que dice llamarse Juan López Jardín, de unos catorce años, que murió en un accidente en la construcción de una casa en la calle Chacel, junto a tres personas más. Resulta que este niño es el hijo del constructor que dirigía la obra; y la verdad es que me agrada mucho cuando, muy respetuoso, se acerca a nosotros para oír, sin participar, en las charlas que mantenemos, haciéndome recordar la ilusión del hijo que no tuve con Teresa, mi esposa.

Y como esto se ha alargado un poco, debo darles infinitas gracias por la lectura de esta humilde carta; y reciban un fuerte abrazo de todos nosotros, y muy en particular, del chavalillo Juaneles López, que con una sonrisa me lo está agradeciendo. Si cuando alguno de ustedes visita a algún familiar en este cementerio, acuérdense de rezar una pequeña oración por nuestras almas. Todos se lo agradeceremos.

Un abrazo.

El accidente al que me refiero, ocurrido en la calle Chacel, en realidad fue en la actual avenida, la que al principio rotularon con el nombre de ese general que más tarde figura en otra calle céntrica.

Imaginen los chorros de las fuentes del cementerio donde se recoge el agua para baldear las lápidas de nuestros muertos, enterrados en esos patios tan silenciosos, donde el sol de la mañana presenta su hermoso y dorado rostro a los héroes, extendiendo las auras de Favonio, que vienen sonrientes desde las vecinas rocas de los *Cortados*. Esas lápidas, aunque permanezcan calladas por los siglos, los nombres esculpidos, aunque borrosos, siempre lo dirán todo.

También pienso que la Purísima, nuestro cementerio, es la residencia fija de todos los ángeles buenos, como lo fueron mis padres, que se encuentran junto a los héroes. Lo que ellos desearon siempre.

49

La carta de hoy la escribe un cabo de Infantería del Batallón de Llerena n.º 11. Pero tengo que decir que a este Batallón le tengo un especial aprecio por haber escuchado su himno, gracias al que fuera comandante general, D. César Muro, que fue el que ordenó la búsqueda de esa partitura, y a mi amigo José Luis Blasco, que me puso en directo por medio del móvil con el concierto completo que interpretó la Banda de la Comandancia General en el Casino Militar, uno de los jueves culturales. Y todo fue porque en una de mis cartas imaginaba yo que a los soldados de este Batallón les pudiese agradar que lo interpretasen el 2 de noviembre, delante de su Panteón y del Osario, como así fue igualmente interpretado.

Bueno, pues este cabo dice así:

Queridos melillenses:

Me llamo Ricardo López Carrasco y soy cabo del Batallón de Llerena n.º 11. Les estoy escribiendo desde el Osario del Panteón de Margallo. Nací en Toledo hace veinticuatro años. Yo deseaba casarme antes de incorporarme a filas, pero mi novia no quiso, así que aún permanezco soltero. El día 27 de julio de 1909 caí malherido en el Barranco del Lobo, muriendo en los brazos de mi amigo y compañero de Batallón, el soldado Adolfo López Calvo, nacido en Burgohondo, un pueblo de la provincia de Ávila, que también cayó muerto nueve días después, el día 5 de agosto. Adolfo tenía veintiséis años y estaba casado. Él siempre me decía que se sentía muy enamorado de su mujer, Juana López Estévez, y que si lo mataban los moros en el campo de batalla, alguna pensión le quedaría a su viuda, como así fue, al igual que a sus padres, que fueron 182,50 pesetas al año para ellos, e igual cantidad para su joven viuda.

Tengo que decirles que cuando paseamos por este jardín, a veces observamos a unas monjas, vestidas de calle, que visitan a sus compañeras fallecidas, rezando, sentadas en la lápida donde están enterrados la viuda, la hija y el yerno del que fuera el gran héroe de Igueriben, comandante D. Julio Benítez Benítez. Junto a esa tumba está el Panteón de las Hijas de la Caridad; y dos de las monjas que descansan en él: sor Celsa y sor Florencia Casanova, son las que siempre saludan a todo el mundo con una gran sonrisa benefactora; y aún más a los soldados rasos, a los que tratan como si fuesen los hijos que ellas, por su celibato, no tuvieron. También hemos observado el hecho de que todo militar que pasea junto a ellas se cuadra saludándolas, con el respeto como si lo hiciesen con un grado superior. Por muchos compañeros que cayeron cuando la Guerra de 1921, la que llamaron el Desastre de Annual, sabemos que estas dos mujeres, vestidas con sus hábitos, el 8 de septiembre de 1925, junto a nuestras tropas, participaron en el famoso Desembarco de Alhucemas, y creemos que ambas, por su abnegada ayuda prestada a nuestros soldados, están condecoradas por nuestro Ejército.

Desde estas humildes líneas, saludamos a todas las personas de buena voluntad por acordarse de nosotros en sus oraciones cuando visitan a sus deudos. En estos momentos, Sor Florencia ha llegado junto a mí para decirme que les envíe un fuerte abrazo, y que lo extienda a sus compañeras de «la Gota de Leche».

Recíbanlo con todo nuestro cariño.

Como habrán observado, estas monjas también fueron heroínas durante los años en que prestaron sus servicios a la comunidad, y en particular a nuestro Ejército. Por ello, por sus méritos, y porque me sale de mi alma, hoy las he traído en esta carta de visita, para que ustedes las conozcan y sepan quiénes fueron estas nobles señoras.

50

Para el que lo ignore, deben saber que en la subida hacia la Alcazaba, hace muchas décadas, se encontraba emplazado el Regimiento de Infantería África 68. Un joven sargento que perteneció a dicho Regimiento es el que escribe hoy, y dice así:

Queridos melillenses:

Me llamo Cornelio Vidal Borrás y soy sargento del Regimiento de Infantería África 68, con guarnición en La Alcazaba. Nací en Cartagena, de Murcia, hace veintidós años. A las seis de la tarde del día 18 de julio de 1909, según decían los médicos en el parte que escribieron, los moros me mataron en Sidi Hamed el Hach. Mis padres, Salvador y María Dolores, como podrán imaginarse, quedaron desolados, a pesar de que les quedó una pensión de 182,50 pesetas anuales.

Un «ceriñolo», como los moros les llaman a los del Regimiento de Infantería Ceriñola 42, el soldado José Vidal Vallo, que como llevamos el mismo apellido paterno, nos decimos: «primos», sin serlo. Este «primo» es gallego, de Sobrado, una aldea de La Coruña. Tiene veintitrés años y sabe del terruño más que cualquier labrador de estos campos rifeños. El pobrecillo me dice que murió, a las siete y media de la tarde del 26 de octubre de 1909, en el Hospital Militar, de una peritonitis causada por la herida que le infringieron los moros en el abdomen, cuando luchaba junto a mí en Sidi Hamed. Como si no lo supiera, porque fui yo el que lo recogí a las puertas del cementerio, y desde entonces, aquí estamos los dos, junto a un antiguo soldado, que dice que tiene más de un siglo de edad, y de apellido Vidal, como paterno, o sea otro «primo».

Al principio supusimos que estaba de broma, pero al contarnos su pequeña historia, sí que lo creímos de verdad. Este soldado se llama Jaime Vidal y pertenece al Regimiento de Voluntarios de Cataluña; y nos cuenta que lo hirieron, de un disparo en el pecho, en el Glacis del Fuerte de Victoria Grande. Era el día 17 de diciembre de 1774, y con el frío que hacía allí, dice que no pudo aguantar hasta que, agotado y la pérdida tan grande de sangre, murió. Yo creo que también fue por la honda tristeza que le embargaba en esas fechas tan señaladas y tan lejos de su familia.

Jaime, «Jaume», como a él le gusta que se le llame, viene casi cada día desde la Bóveda de las Ánimas, en el antiguo Cementerio de Melilla. Nos comenta que hay muchos compañeros, y también civiles, enterrados en la Bóveda de La Soledad, en el Patio de la antigua Tahona, y en los alrededores de la Iglesia de Nuestra Señora de la Concepción. El caso es que Jaume, a pesar de la edad que tiene, es uno más entre nosotros. Nos cuenta que cuando colocaron la placa, con el nombre de su Regimiento en una de las calles de la ciudad, quedó muy emocionado, porque cree que toda persona que lee Voluntarios de Cataluña debe entender que ese nombre tiene una gran historia, desde 1762, y que por la falta de espacio no podemos reflejar sus hazañas, ni los cambios de nombres que recibió durante todo este tiempo; pero sí que deben saber que en 1847 llevó el nombre Cazadores de Cataluña n.º 1, al que llamaron: «El Sublime y Heroico», por su brillante comportamiento.

La verdad es que cuando uno escribe de unos hechos tan gloriosos, piensa que nuestras almas están custodiadas en los corazones de todos los que nos leen, por eso les rogamos, queridos lectores, que cuando visiten a sus deudos, se detengan unos momentos en nuestro Osario, *o Panteón, nos dediquen una pequeña sonrisa, y un Padrenuestro. Con eso nos conformamos todos.*

Reciban un fuerte abrazo.

Como este joven sargento ya lo ha dicho todo, solo me resta decirles que hay que hacer sublime todo lo que se refiera a estos héroes. También es mi deseo que la Encina Gloriosa de nuestra Historia se mantenga en perenne lozanía, fresca y pura, como lo fueron todos los que se encuentran descansando en estos sagrados patios.

51

La carta de hoy, por su luz de fuego celeste, va a hacer que las losas, aunque estén gastadas por la Luna del tiempo, alumbren todas las de la Purísima. Créanme si les digo que yo solo me limito a que nuestros héroes, con sus nombres y apellidos, nos hablen en estas epístolas. Y todo ello, gracias a José Luis Blasco, *alma máter*, que me ha impulsado a darles voz a los Héroes con estas humildes cartas.

Hoy es un soldado quien lo hace, y dice así:

Queridos melillenses:

Me llamo Francisco López y soy soldado de las antiguas compañías fijas. El día 29 de enero de 1775, los moros fronterizos me mataron en las cercanías del Fuerte de Santa Bárbara. Les escribo porque hay rumores de que han llegado varios generales para visitarnos a todos los que caímos, durante estos últimos siglos, en defensa de la Plaza; y varios de los que nos encontramos en la Bóveda de la Soledad, en la Iglesia de la Concepción, nos hemos acercado a ver quiénes pueden ser.

La verdad es que, nada más llegar, me he encontrado junto al ficus centenario, que hay en el patio bajo, con la sorpresa, nada más y nada menos, que mi viejo mariscal de campo, D. Juan Sherlok Cavallero Baronet, el que mandaba las fuerzas de la plaza cuando el rey marroquí le puso el famoso Sitio (1774-1775). Un venerable anciano, vestido de civil, que reposa cerca de la tumba de la niña arrodillada, esculpida en mármol, me ha dicho que me fijara muy bien, porque esa reunión iba a ser histórica. A continuación fue detallándome los nombres de los que él pudo reconocer por antiguas fotografías, que eran:

Los generales: D. Juan Margallo, abatido el 28 de octubre de 1893, en las inmediaciones del Fuerte de Cabrerizas.

El capitán general, D. Leopoldo O'Donnell y Joris, general en jefe del Ejército de África, en la Guerra de los Castillejos; el que, en carta dirigida al presidente del Gobierno, el 25 de marzo de 1860, y después de la rendición de las tropas marroquíes, cerca de Tetuán, con toda la nobleza, entre otras cosas, decía: «(...) Que no me pareció generoso para mi Patria humillar a su enemigo, que si se reconoce vencido, dista mucho de ser despreciable...».

A D. José Marina Vega, comandante general de Melilla, cuando ocurrió el cobarde ataque de los fronterizos, asesinando a tiros a unos obreros, que construían un puente, el 9 de julio de 1909 (Barranco del Lobo).

Un cura, que se llama D. Miguel Acosta, que fuera vicario eclesiástico de Melilla hasta 1918, y también canónigo de Ceuta. Este sacerdote murió en Melilla en 1924.

El soldado, Fernando Bueno Espinosa, que apalearon los moros en el Fuerte de Cabrerizas Altas, en 1892, está el pobre absorto en medio de todo este generalato, ya que la reunión se ha celebrado junto a su sepulcro, de la torre inclinada.

También se encontraba una señora: D^a. Juana Martínez López, de unos 40-50 años, de estatura mediana, que fue la cantinera de Batel, que mucha gente cree que era la de monte Arruit; porque fue en esta posición donde atendió, hasta su muerte, el 23 de julio de 1921, al teniente coronel de Caballería Alcántara 14, D. Fernando Primo de Rivera.

Sabrán que el mariscal Sherlok murió en 1794 en Sanlúcar de Barrameda, y fue enterrado en la Iglesia de San Jorge (De los Irlandeses), y desde allí ha venido a visitarnos a todos; igual que el general O'Donnell, que se encuentra en la Iglesia de Santa Bárbara, en Madrid, junto a los reyes Fernando VI y Bárbara de Braganza. El general Marina también se desplaza de vez en cuando desde el Cementerio de Madrid para visitar a sus soldados, y charlar con todos los que cayeron en esos peñascos del Gurugú. Siempre se le ve muy animoso, charlando con los generales D. Guillermo Pintos Ledesma y D. Pedro Del Real y Sánchez Paulete.

Mi compañero, Isidro Carrió, soldado de la 3.ª Compañía del 2.º Batallón de Ligeros de Cataluña, que también cayó en Santa Bárbara, el 11 de enero de 1775, acaba de llegar, preguntándome a qué venía esa reunión de generales. Junto a nosotros estaba también el teniente de Infantería, y capitán de Llaves, D. José López. Este capitán creo que falleció, de muerte natural, el 19 de enero de 1843; y nos ha explicado que estos generales, siempre aparecen en la Purísima, cuando menos se les espera. La verdad es que no sé de lo que hablaron, pero lo que sí veíamos todos es que llegaron desde la *eternidad, como navegantes invisibles, a través del horizonte y el cielo, surcando España y nuestro mar, con su atmósfera pura y luminosa, enarbolando nuestra bandera como una fulgurante vela de gloria.*

Aunque me da un poco de pereza, Isidro y yo, sintiéndolo mucho, les dejamos, no sin antes decirles que en el suelo de la Iglesia de la Concepción, estamos muchos compañeros, desterrados, y también civiles, que caímos en la defensa de estas murallas.

Desde este Camposanto de la Purísima, reciban un fuerte abrazo, con todo nuestro cariño.

Yo creo que nuestros héroes tienen un fuego que nunca se extingue; y a sus almas tan caudalosas, de huellas fosforescentes, debemos tratarlas con una purísima ternura. Sus laureles y raíces, como comprobarán, siempre florecen en cada visita que les hacemos, trepando como enredaderas de cantos transparentes en nuestros corazones. Sus ojos, cerrados por la gloriosa muerte, continuarán siempre dándonos la luz y la grandeza, la bondad y la sencillez de la Patria; y aún más a ustedes, queridos lectores, que tienen la santa paciencia de leerme. Tengan siempre en cuenta que el héroe soldado siempre nos sonríe, como cualquier rosa, siempre atada a su perfume; y lo hace con la sonrisa de un crisantemo y si habla, sus palabras son armas prodigiosas, como de un lirio rosado, lleno de rocío.

52

Hace unos días me comentaba mi amigo José Luis Blasco que parece increíble que ya esté publicada la carta n.º 50. Bueno, yo creo que, con un poco de paciencia, salpimentado con cariño y un buen chorreón de humilde literatura, puede que nos encajemos en la n.º 100, porque nuestros héroes, desde hace décadas, ya se lo estaban mereciendo, a pesar de las historias —todas ellas de brillante color humano— que lleven, a retazos, el oscuro color del luto por la Patria.

La carta de hoy la escribe un sargento de Infantería y dice así:

Queridos melillenses:

Me llamo Mauro Izaga y Ruiz de Loizaga. Soy sargento de Infantería del Batallón de Madrid n.º 2; y les estoy escribiendo desde el Osario del Panteón Margallo, aquí en la Purísima. Nací, hace veintitrés años en Otxandio, en la provincia de Vizcaya. El día 27 de julio de 1909, caí muy malherido en el Barranco del Lobo, y el 31 del mismo mes, fallecí en la clínica de la Alcazaba, que más bien era un hospital de sangre.

Tengo junto a mí, a dos soldados de mi batallón: Uno es madrileño, y el otro de Villafranca de la Sierra, un pueblecito de Ávila. El de Madrid, cayó muerto en el mismo lugar, y día en que me hirieron a mí. Me dice que ha sido cochero, desde que era un muchacho, con apenas quince años; y tiene veintiséis, y aún es soltero. El de la provincia de Ávila es jornalero, y un experto en trovos. Muchos de sus compañeros le solicitaban que escribiera unos versos para dedicárselos a sus novias, y él lo hacía sin nada a cambio. Dice que en un pueblo cercano al suyo, llamado Bonilla de la Sierra, leía poesías de Lope de Vega, y algunas de su propia cosecha.

Aquí los tengo a los dos, sentados en las escaleras, que muchos visitantes llaman las del Ángel. Desde hace algunos años, se ven muchos soldados, con distintos uniformes, y creemos que son los que murieron en los pasados siglos, en las murallas que circundan Melilla la Vieja; como José Tamarit, soldado voluntario del 2.º Batallón de la Real Artillería, que murió aplastado por una cureña, mientras montaba un cañón en la misma. Nos dice que fue el 21 de julio de 1719. Fíjense, que ahora podría contar con doscientos años, mientras que nosotros, apenas llegamos a los treinta.

Aunque esta carta les parezca corta, queridos lectores, siento decirles que no tenemos más remedio que dejarles. Rogamos, si alguna vez visitan este camposanto, recen una oración, y se despidan con una sonrisa al hacerlo. No saben ustedes lo que nos reconforta la oración, y esa pequeña sonrisa de aliento; ya que es lo único que poseemos.

Un fuerte abrazo, con todo nuestro cariño.

Como habrán comprobado, estos héroes, como todos los que les escriben, tienen sus heridas con agujeros rojos y secos por donde la vida, hace años, se les escapó a borbotones; pero de sus cuerpos, a pesar de quedar indefensos, las almas que cada uno llevamos adheridas, las de ellos jamás los abandonaron. Como un clavel a su perfume, siempre atado, o como las enredaderas a los muros sin sol. Por eso intento que mi ramo de flores virtual, que deposito en cada una de ellas, sea entregado en el altar del Lauro Patrio, donde todos descansan en la eternidad. Quizás parezca un tanto romántico pero a veces, creo ver a mis padres pasear, junto al acantilado de la Purísima, con un helado de La Ibense en la mano, charlando con sus vecinos de la eternidad.

53

La carta de hoy la escribe un soldado de la Vieja Castilla, y dice así:

Queridos melillenses:

Me llamo Carlos Nieto García y soy soldado del Regimiento de Infantería del Rey, n.º 1. También soy labrador, y sé escribir y leer gracias al cura de mi pueblo. Nací hace veintiún años en Riocabado, un pueblecito de la provincia de Ávila. El día 7 de octubre de 1909, unas fiebres tifoideas acabaron con mi vida, debido a la herida en el pecho que me hicieron los moros cerca del Barranco del Lobo.

Estoy escribiendo esta carta desde el Osario General, junto al capitán D. Enrique Navarro Ramírez de Arellano, que siempre suele pasear por las escaleras del Ángel. Aunque él no suele hablar mucho, debido a que la herida que le causó la muerte fue en la cara, escribe sus cosas en un papel, que siempre tiene preparado. Por ello sé que es capitán de Infantería del Batallón de Cazadores de Arapiles n.º 9, y que nació en Madrid hace treinta y dos años. El 21 de febrero de 1896, salió de la Academia de Infantería con el grado de segundo teniente. Aunque no le agrada lucir sus condecoraciones, yo sé que está en posesión de dos Cruces al mérito militar, la Medalla de Alfonso XII, y la más gloriosa de todas las distinciones: la Gran Cruz Laureada de San Fernando, obtenida por su heroísmo frente al enemigo el día 27 de julio de 1909 en el Barranco del Lobo. Dice que su cuerpo fue recuperado el 28 de septiembre de ese año.

Ahora se ha acercado a nosotros un hombre de unos cuarenta años, vestido de civil, que dice ser José Valenzuela, perteneciente a la Compañía del capitán Manso, muerto el 15 de diciembre de 1774, y que está enterrado en la Bóveda de las Ánimas de la Santa Iglesia de la Concepción; pero que, de vez en cuando, se viene a dar un paseo para visitarnos a los que estamos aquí en la Purísima. El capitán Navarro me ha escrito en un papel, y me dice que es uno de los desterrados que cayeron en la Defensa del Sitio que puso a Melilla el rey de Marruecos; y que por tal motivo tanto este hombre, que por su desgracia se encontraba cumpliendo condena en el presidio, como todos los que murieron en el famoso Sitio, son merecedores de las máximas condecoraciones.

Bueno, pues aquí estamos los tres, sentados en una tumba cercana, charlando de los momentos en que caímos por la Patria; y la verdad es que yo estoy aprendiendo de estos dos héroes. Valenzuela me ha hecho ruborizarme, porque me dice que también yo soy un héroe, como todos los que estamos en estos sagrados patios. Así que un poco avergonzado, les voy a dejar, no sin antes desearles lo mejor, y que cuando vengan a visitar a algunos de sus deudos, no se olviden, con una simple sonrisa, de rezarnos una pequeña oración.

Un fuerte abrazo.

La verdad es que, aunque peque de vanidad, a veces me conmuevo al oír el sonido de lo que escribo, sintiendo como un chorro de agua derramada de un cubo de madera, cayendo en lo más hondo de la oscuridad del pozo de la fragua de mi familia paterna. Por eso he creído siempre, desde que era chico, cuando visitaba nuestro cementerio junto a mi madre, que nuestros héroes dejaron una corona de fuego y laurel en las rudas manos de la Historia de nuestra Patria.

54

La carta de hoy la escribe un primer teniente de Infantería,
y dice así:

Queridos melillenses:

*Me llamo Miguel Domingo Muro y soy primer teniente del
Batallón de Infantería, Tarifa n.° 5. Les estoy escribiendo cerca de
la fila 4, n.° 5, donde se encuentran mis restos, en el Panteón de
Héroes de este precioso camposanto. Nací en Burgos el 17 de junio
de 1874; hace ahora treinta y cinco años, y llevo casado desde hace
cuatro. Ingresé en el Ejército en 1890, con dieciséis años. El 20 de
septiembre de 1909, los moros me mataron de un balazo en la cabeza
en Taxdir, junto al soldado Victoriano Fernández Santos, perteneciente a mi misma compañía y batallón. Este muchacho cayó de dos
balazos en el pecho. Nació en un pueblecito de Toledo que, el pobre,
ni se acuerda de su nombre. De lo que sí recuerda a cada instante es
de que guardaba un buen rebaño de cabras; y siempre pensando qué
hará ahora su madre, que ya era viuda cuando a él le tocó en sorteo
incorporarse al Ejército en Melilla.*

*Victoriano me comenta que de vez en cuando debo colocarme
en el pecho las dos Cruces de Plata, la del Mérito Militar y la de
Cuba; condecoraciones que obtuve por mi comportamiento en el campo
de batalla. Yo quisiera compartir alguna de ellas con él, porque fue el
que me recogió en esos peñascos, mientras se le escapaba por el pecho
su joven vida; y siempre lo rechaza: «Por Dios, mi teniente, si son
suyas y no mías».*

*Hace unos días me presentó a un soldado que dice que nació
en un pueblo de Sevilla; pero cuando este me dijo que era soldado*

del Regimiento de Infantería de Brabante, y que cayó al pie del Torreón de la Florentina el 13 de febrero de 1775, casi no lo podía creer. ¿Cómo era posible que un soldado al que mataron hace ahora ciento treinta y cuatro años esté con nosotros charlando tan tranquilo? Dijo llamarse José Palomino, y que viene de vez en cuando desde la Iglesia de la Concepción de visita para hablar con todos los que estamos enterrados en estos patios.

La verdad es que entre estos dos infantes me encuentro tan a gusto que me da un poco de pena tener que dejarles a ustedes, no sin antes rogarles que cada vez que visiten a sus deudos, recen una pequeña oración por nosotros, ya que siempre las escuchamos con toda nuestra devoción.

Un fuerte abrazo.

Deben saber que es mi deseo escribir estas humildes cartas, intentándolo hacer con limpia prosa, labrada y constelada de estrellas, para que penetren en cualquier verso que se le dedica a nuestros héroes. Pero, ¡ojo!, los versos deben ser de cristal transparente, que brillen y se vean por todas las partes de donde se miren.

Yo, que no me considero poeta, creo que a la salida del cementerio, en lo alto de la escalinata, debajo de la pequeña campana, debiera de haber un cuenco de plata, para depositar las lágrimas de penas, y luego con ellas, sean regadas las flores de la gloria de los héroes y de nuestros deudos que descansan en esos silenciosos patios. La verdad es que se lo merecen.

55

Yo sé que nuestros héroes me perdonan cada vez que meto mi pluma en sus silencios. Ellos saben bien que lo hago para que sus nombres salgan a la luz, después de tantos años, más bien siglos, callados. A veces me da pudor y un poco de miedo cuando toco sus corazones, pero solo lo hago para levantarlos como copas radiantes de entre sus sepulcros, con su pátina de jardín secreto que son altares de Gloria.

Hoy, quien escribe, es un soldado de Infantería, y dice así:

Queridos melillenses:

Me llamo Cándido Naya Arrioso y soy soldado del Regimiento de Infantería Ceriñola 42, al que los moros nos llaman «ceriñolos». Nací en Carballo, un pueblo de la provincia de La Coruña, hace veintidós años, y aún estoy soltero. El día 10 de diciembre de 1909, a las seis menos cuarto de la mañana, fallecí de unas fiebres tifoideas en el Hospital Militar. Estas fiebres fueron causadas por las heridas sufridas en el Barranco del Lobo.

Tengo a mi lado a un compañero de la 2.ª Compañía de la Brigada Disciplinaria que falleció de la misma enfermedad. Se llama Victoriano Notario Martín, nacido en Ciudad Real. Era empleado del ferrocarril y escribe maravillosamente, con una letra gótica, muy angulosa, pero dice que no sabe qué poner en la carta. Yo creo que es debido a su timidez. Él fue uno de los que esperaba junto al Osario General el día en que me trajeron, junto a varios compañeros. Notario murió a la una de la madrugada, seis días antes que yo, y también de tifus.

Debo decir que a veces vemos pasear solo y cabizbajo a un capitán de un extinguido Cuerpo de Resguardo de una provincia de Extremadura, que falleció en el Presidio el 7 de abril de 1828. Victoriano, que se entera de todo, me dice que este capitán se llama D. Manuel Martín Sánchez, nacido en Zamora hace cuarenta y tres años, confinado en el Presidio por algo grave que cometió. Pero no crean que era un cualquiera; ya que está condecorado con varias Cruces Militares por distintas acciones de guerra; y lo más importante es que en su pecho se puede observar también la Cruz de Primera Clase de la Orden Militar de San Fernando. La verdad es que casi no habla con nadie; tan solo con el sargento, subteniente graduado, D. Juan Alcalá, perteneciente a las compañías fijas, que es quien lo acompaña a menudo cuando viene a pasear por estas pequeñas alamedas. Al sargento Alcalá lo mataron los moros de un balazo en la cercana playa, cuando iba embarcado en el Velachero de la Plaza, cuando lo mandaba el patrón D. José Gómez.

Deben disculparnos si nos despedimos, agradeciéndoles su gran amabilidad al leernos; y sepan que para nosotros es muy gratificante que estas Epístolas salgan publicadas en este periódico, y que nuestros nombres, después de tantos años, que hemos estado, tan solo en los partes de guerra y en los registros de defunciones, sean nombrados por ustedes, mis queridos lectores melillenses.

Desde el Osario General de este Cementerio de la Purísima, nos despedimos de ustedes con un fuerte abrazo.

Hace pocos días, un amigo me decía que nuestros héroes aún viven, sueñan, padecen, cantan y triunfan en nosotros, que solo los recordamos con amor. Ellos nos dejaron las coronas de su martirio en nuestras manos para que entendiéramos la Historia, nuestra amplia Historia roturada por los que cayeron, aunque muchos fueron por «Reducción de servicio por abono por cuota». Todos nos dejaron impreso, como una valiosa joya, su silencio labrado, que es el que nos ilumina a todos. Los que de alguna forma los observamos con cálices rebosantes de espiritualidad, y otros con la pluma.

56

El hilo sublime que cojo con pudor para tejer, como buenamente puedo, la Historia y la Memoria de nuestros héroes, intento hacerlo con el estilo epistolar que hoy ya casi no se usa debido a la tecnología de las teclas de un ordenador. De todas maneras, yo intento bordar sus nombres con el color de nuestros corazones.

La carta de hoy la escribe un soldado de Infantería, y dice así:

Queridos melillenses:

Me llamo Francisco Díaz Pérez y soy soldado del Regimiento de Infantería Príncipe n.° 3. Nací en una casa junto al río Olga, en Navia, un pueblo de Asturias. Tengo veinticuatro años y estoy casado con Claudia Fernández. Les estoy escribiendo desde el Osario del Panteón de Margallo, donde me encuentro desde que los moros me mataron el 28 de septiembre de 1909 en el zoco Had.

A mi lado está Vicente de la Escuadra de la Iglesia; también es de la 3.ª del 4.° Batallón del mismo Regimiento del Príncipe. Vicente es un zamorano de la misma edad que yo, pero está soltero. Él murió a las 9 de la mañana del 22 de noviembre de 1909 en el Hospital de Sangre de la Alcazaba. Cuando lo trasladaron a este

Osario me dijo que su muerte fue debida a una herida en el vientre, cuya infección los médicos no pudieron controlar. Tengo que decir que lo hirieron el mismo día y lugar que a mí, pero al pobrecito, su agonía de fiebres le duró dos meses.

Vicente, a pesar de ser un labrador aparentemente huraño, tiene los modales de un hombre educado. Me dice que hace unos días ayudó a pasar por entre las tumbas a una joven que caminaba desorientada, con el aspecto muy demacrado, de apenas veinte años, con un bebé en sus brazos; y al preguntarle quién era y si podía ayudarla en algo, ella le dijo que se llamaba Eleuteria Chafino Vélez, y que su esposo era el teniente graduado, capitán D. Enrique Fernández de Castro, perteneciente al 1.º Batallón del Regimiento de Infantería, fijo de Ceuta. Dijo también que murió de tisis el 29 de marzo de 1861, y su hijo, que era el que llevaba en los brazos, murió en el parto al día siguiente; dándole infinitas gracias a las autoridades, porque ambos fueran enterrados juntos en el mismo ataúd. Vicente cree que, a pesar de esa cruel enfermedad, como es la tisis, ella murió debido a la pérdida de sangre que tuvo cuando dio a luz a ese niño, que siempre lleva pegado a su pecho, con el vano afán de darle de mamar. Yo la vi una vez, como un alma en pena, cuando buscaba a su marido para enseñarle su precioso hijo. Hace pocos días nos hemos enterado que el matrimonio de ese capitán y su joven esposa se celebró en Ceuta, ciudad donde ambos eran naturales.

Tanto Vicente como yo les rogamos que la mejor flor que nos brinden sea una sencilla oración, que Dios siempre acoge; o unas palabras escritas que alguien pueda leerlas; y que sean igualmente ofrecidas a la joven esposa del capitán Fernández de Cuevas, y a su recién nacido hijo.

Reciban ustedes un cordial saludo con el abrazo cariñoso de dos soldados de Infantería.

Como autor de estas cartas, yo solamente deseo que se conmueva algo el espíritu de lo español que existe en cada melillense de buena fe, solo eso; porque debemos saber y entender que el Panteón de los Héroes, bello como poderoso, es el que alberga los restos, con sus almas, de miles de muertos, defensores de nuestra Melilla que es la ciudad de la luz española en África; aunque a veces de sombras hostiles, que le dan algunos vecinos amigos; y lamentablemente, con la anuencia y la aprobación de algunos que dicen ser compatriotas nuestros.

57

Nuestra ciudad, para algunos que residen en ella y les parezca algo lejano, tiene costurones resecos que dejan abiertos los jirones de las almas de nuestros soldados.

La carta de hoy la escribe un cabo de Infantería, y dice así:

Queridos melillenses:

Me llamo Alejandro Tortajada López, y nací en Salvacañete, un pueblo de la provincia de Cuenca, hace ahora 22 años. Soy cabo de Infantería del Batallón de Cazadores, Alba de Tormes n.º 8. El 20 de julio de 1909, en el combate de la 2.ª Caseta, los moros acabaron con mi vida, y desde entonces estoy en este Osario del Panteón de Margallo, que es donde les estoy escribiendo.

Debo decir que, junto a mí, tengo a un señor de más de cincuenta años, al que un cura visita muy a menudo, paseando los dos por estas pequeñas alamedas, hablando muy en silencio. Este señor se llama Francisco Sánchez Barbero, y dicen que ingresó, por motivos políticos, con diez años de reclusión, en el Presidio de Melilla, el 18 de diciembre de 1815, como Agustín Argüelles, Martínez de la Rosa y José María de Calatrava; siendo este último el que lo asistió hasta su muerte, el 24 de octubre de 1819, en el Convento de Capuchinos, lo que llamaban entonces el Conventico; aunque él dice que fue a finales de febrero de ese mismo año. Este hombre tiene el aspecto de ser un gran señor: intelectual, liberal, uno de los que se opusieron al absolutismo de Fernando VII. Cuando pasea solo, suele pararse junto a alguno de nosotros y nos recita versos como:

«Para escarmiento de poetas patrios tan viles como tú, yo te mandara, Publio Nasón, con triplicados hierros, atado el pie, desnuda la rodilla, morar en el Presidio de Melilla».

El cura, con quien a veces pasea, se llama D. Juan Campos Infante, y fue el que le dio la extremaunción, poco antes de morir. Lo hizo, además de por ser sacerdote, también porque los dos fueron compañeros cuando estudiaban en el Seminario de Salamanca, en 1779. Según este cura, que nos saluda muy afablemente cada vez que visita a su amigo, nos dice que el señor Sánchez Barbero odiaba tanto al presidio que para él era: «Aquesta mansión de criminales, o la negra, siempre abominable mansión de las cadenas», y las pulgas, para él, eran los sabios de Melilla.

Siento muchísimo tener que dejarles. Solo espero que este señor encuentre la paz que respiramos en este camposanto. También les ruego a ustedes que recen por él y también por nosotros.

Reciban un abrazo con todo nuestro cariño.

Lo que dice este cabo de Infantería sobre Sánchez Barbero, sabrán que en el barrio del Tesorillo Chico existe una calle con su nombre. Y yo, nuevamente, no me cansaré de repetirlo, debo dar infinitas gracias a José Luis Blasco, porque gracias a él, estas cartas pueden leerlas muchas personas de buena fe, y enterarse de los nombres, fechas, lugares de nacimiento, cómo y dónde murieron, y lo más importante: dónde están enterrados esos héroes, cuyos nombres fueron ignorados durante tantos años, quizás por desidia de muchos responsables.

Y sobre Sánchez Barbero, creo que por ser liberal y, además, intelectual, por ir contra el Mastuerzo Narizotas, Fernando VII, esa calle lleva su insigne y preclaro nombre. También porque fue un héroe y dio su vida por la libertad. Él mismo, como gran latinista, al llegar al Fuerte de Victoria Grande, escribió su propio epitafio: *«Pro te tibi natus oportet oh Patria!, ut peream?, victima coesa cadam»*, que se traduce como: «¿Es necesario que nazca para ti, ¡oh Patria!, para que yo perezca?».

58

Si de la lectura se puede sacar algo distinto a un placer solitario, como es intercambiar ideas y opiniones, yo creo que estas cartas pueden servir para que muchos melillenses conozcan nuestra Historia a través de los nombres que contribuyeron a llevarla a cabo; porque la educación y la lectura a todos nos dan un carácter de transigencia y de comprensión.

Esta carta nos la envía un joven oficial de veinte años, y dice:

Queridos melillenses:

Me llamo Isaac Labrador Gallardo, soy 2.º teniente del Regimiento de Infantería Melilla n.º 59. Nací en Ferrol el 21 de octubre de 1888. Salí de la Academia de Infantería el 13 de julio de 1907 y fui destinado al Regimiento de Infantería Zamora 8. Al año siguiente fui trasladado a Melilla, al de Infantería Melilla 59. El 23 de julio de 1909, en la batalla de Sidi Musa, los moros acabaron con mi vida de dos disparos en el pecho, donde caí fulminado. Fui enterrado en el Panteón de Margallo, fila 2, n.º 7, que es desde donde les estoy escribiendo.

A mi lado tengo a un capitán, D. Miguel Zazo, que ustedes conocen muy bien, ya que su nombre está rotulado en una calle de la ciudad; y además, es que nació aquí, en la ciudad vieja. Dice que a él lo mataron los moros fronterizos de un balazo en la cabeza el 2 de julio de 1779, cuando mandaba una lancha de observación que navegaba cerca de la desembocadura del río. Siempre me comenta que echa mucho de menos a sus padres y a su querida esposa, D.ª Francisca Bernal.

Este capitán, junto a un carpintero llamado Gaspar García, que el 4 de febrero de ese mismo año murió despeñado por los cimientos de una rampa frente a la Real Maestranza, nos visitan para charlar un rato y pasear junto a las tumbas de tantos Héroes que se encuentran aquí enterrados. Me dice que en estos jardines hay más espacio y se puede ver nuestro cielo y el mar; pero desde donde reposan sus restos solo hay tristeza y silencio. Lo dice porque a él lo sepultaron en la Bóveda de La Soledad, en la Parroquia de La Concepción; y que le cantaron diez misas; y las Hermandades de las Ánimas y del Rosario fueron las que le hicieron las Honras Fúnebres, como Hermano que fue de ellas. Un amigo de sus padres, D. Francisco

Turrillo, fue el que firmó el acta de fallecimiento, dando fe de ello. No deja de hablar del Regimiento de Infantería América n.º 33, de guarnición en Melilla, cuando él vivía.

Debo decirles que para nosotros sería una gran satisfacción que estas humildes líneas les hayan agradado; pero no sin antes rogarles una oración y una sonrisa cada vez que nos visiten en estos patios.

Reciban un fuerte abrazo.

Como saben los nacidos en Melilla, la calle de Miguel Zazo es paralela a la de otro Héroe, D. Carlos Ramírez de Arellano. Algunos amigos me dicen que cada vez que visitan nuestro cementerio, se quedan ensimismados leyendo nombres de muchas personas, fechas y lugares donde murieron, que descansan en sus tumbas y panteones, ya sean militares o civiles.

También les aseguro que yo, en cada una de mis visitas, recibo como una fría bocanada de romanticismo, imaginándome el gran alambique de la Gloria, destilando gota a gota, en pequeños tarros, como las esencias caras, hasta llegar a la perfecta fragancia que la Patria siempre pide a sus hijos, con aromas celestiales. Claro que hay algunos que no ven el ópalo del llanto, cuando danza con el viento en la Purísima, soportando la intemperie de los siglos y el desamor de muchos compatriotas egoístas, con espurios pensamientos, que no saben jugar con la luz de la razón, y sin escuchar el sonido más antiguo del mundo, que es el de su propio corazón.

59

Para muchos niños melillenses de hace décadas, las calles adyacentes al cementerio: Castellón, Duque de la Torre, Sagasta, Castelar, Padre Lerchundy, Barceló, Explorador Badía, Monte de María Cristina y Ataque Seco; todo lo que es el barrio del Carmen, eran el teatro habitual de sus hazañas y correrías. Entonces las calles de Melilla eran inofensivas de coches y de gente. Ahora, cada vez que me siento a escribir este humilde epistolario sobre nuestros Héroes, pienso en mis padres y familiares que también descansan en esos gloriosos patios, con sus recuerdos trenzando y agarrotando mi corazón, prevaleciendo aquella luz que alumbró mi niñez en esas calles.

La carta de hoy la escribe un teniente voluntario, nacido en Francia, y nos dice:

Queridos melillenses:

Me llamo Roberto Pin y Latour, 1.° teniente de Artillería de Montaña. Nací el 29 de marzo de 1881 en Marsella (Francia). Mi padre, José Pin y Soler, era catalán, y mi madre, francesa, Enriqueta Latour y Yhende. Fui 2.° artillero voluntario y alumno de la Academia de Artillería. Debido a unas fiebres, causadas por las heridas sufridas en el Barranco del Lobo, a las tres y media de la tarde del 30 de septiembre de 1909, fallecí en mi casa de Melilla.

Desde el 5 de enero de 1930, estoy enterrado en el Cementerio Católico del Sudoeste de Barcelona, aunque a mí me hubiese gustado que me dejaran aquí, en la Purísima, junto a mis compañeros, los que caímos en esos crueles barrancos. Pero mi alma, llena de nostalgia, me hace viajar para estar junto a ellos. Y vean que por azar, hoy les estoy escribiendo sentado en una tumba cercana al Ángel de bronce, donde descansa la señora Juana Martínez López, la que fuera cantinera de Batel, cuando la retirada de nuestro Ejército, en julio de 1921. Sin entrar en detalles, me dice que ella también sufrió cautiverio, viendo la crueldad propia de aquel enemigo. A esta señora se le llenan los ojos de lágrimas al recordar aquellos hechos tan luctuosos, y para darnos ánimos me dice que observe a otro visitante, que muy elegantemente vestido, sube la escalinata al monumento, como un personaje sacado de otra época; personaje que ella siempre ve pasear por la galería de generales junto a la Capilla.

Esta mujer, acostumbrada a ver y a tratar a tantos jefazos, me dice que ese personaje no es otro que D. Carlos Ramírez de Arellano, alcaide de las Fuerzas de Melilla, muerto en combate cerca del Fuerte de la Albarrada el día 18 de julio de 1646; y sepultado en la Capilla de Nuestra Señora de la Victoria, que es de donde viene a visitar casi a diario a todos los que están aquí enterrados. Siempre se viste con una capa de color marfil impoluto, y con todos sus títulos, como el de sargento mayor de Orán; el de caballero del Hábito de Santiago, donde se puede observar la Cruz Latina de Gules, simulando una espada con forma de Flor de Lis en la empuñadura y en sus brazos. Me dice la señora Juana que las tres flores de lis representan el «honor sin mancha», que son los rasgos propios del apóstol. Pero lo más triste y emocionante es cuando me dice que fue ella la que atendió al teniente coronel, D. Fernando Primo de Rivera, cuando, sin anestesia alguna, le amputaron el brazo izquierdo, antes de que este falleciera de gangrena el 5 de agosto de 1921 en monte Arruit.

Tengo que decirles que también vemos a D. Francisco López Moreno, el que fuera alcaide de Alhucemas. Cuando dejó en esa Plaza, «50 mosqueteros, buena gente de bigote, de espada y daga», lo hizo para incorporarse también, como alcaide, a la de Melilla. Este alcaide cayó muerto de un balazo en la cabeza, en el combate de los fuertes: San Pedro de la Albarrada y Santo Tomás de la Cantera, el 5 de octubre de 1687.

Deben disculpar si les dejo; no sin antes desearles que sean felices, y si alguna vez nos visitan, ruego recen una oración por todos los que estamos enterrados en estos patios.

Un abrazo.

Ustedes, queridos lectores, saben que un libro, al comenzar su lectura, siempre dice: «Conóceme, tengo mucho que darte». Y yo les digo que si ese no les aporta nada, no deben preocuparse, porque siempre habrá otro que sí les dará lo que desean. Ante eso, espero que nuestros héroes, que han mecido, durante más de cinco siglos, con su honor impoluto, el laurel y la gloria en la limpia cuna de nuestra Patria, les aporte algo que les llegue a sus corazones.

60

La carta de hoy la escribe un soldado de Infantería; y dice así:

Queridos melillenses:

Me llamo Francisco Campos Magariños y nací en Pontevedra hace veintitrés años. Soy soldado del Regimiento de Infantería Ceriñola 42. Mi muerte fue a causa de unas fiebres tifoideas, el 30 de noviembre de 1909, a las diez menos cuarto de la mañana, en el Hospital Militar.

*Desde hace muchos años se puede ver, paseando por estas pe-
queñas alamedas, al que fuera comandante, D. Julio Benítez, junto al
capitán Arturo Bulnes, y los tenientes: García Arrabal, Casto Nuño,
Ovidio Rodríguez, Justo Sierra, y el Alférez Villanueva Hoppe, entre
algunos más, que ignoro sus nombres. Todos ellos pertenecientes a mi
Regimiento, que los moros nos bautizaron como «ceriñolos». La conversación entre ellos siempre es referente a los partes que el heliógrafo
de Igueriben enviaba a Annual, en julio de 1921: «Es horrenda
la sed, (….), se echan arenilla en la boca para, en vano, provocar la
salivación, (…), se ahogan con el hedor de los cadáveres. La carencia
de agua hacen mortales las heridas. Conclúyanse las municiones».*

*Pero el parte que con más dolor comentan, el que se puede ver
en todos los libros de Historia Militar, es la última llamada desespe-
rada que el comandante Benítez hizo a Annual: «Los de Igueriben
mueren, pero no se rinden. Aún quedan doce cargas de cañón, que
empezaremos a disparar para rechazar el asalto, contadlas, y al
duodécimo disparo, fuego contra nosotros; pues moros y españoles
estaremos envueltos en la posición. Benítez».*

*Somos muchos los soldados pertenecientes al Ceriñola 42
que caímos en las laderas del Gurugú, en 1909, que nos reunimos
junto a nuestros jefes, que lo fueron en 1921, y la verdad es que nos
sentimos dichosos por la gloria que ellos alcanzaron para la Patria
doce años después en esos campos rifeños. Como la emoción que me
embarga es tan grande, mi deseo es regalarles una de las estrellas que
nos alumbran en este camposanto, pero deben disculparme si solo les
dejo con un beso y un fuerte abrazo a todos los que me lean.*

Yo creo que este soldado ignora que en Melilla existe una
plaza con el nombre de aquel héroe de Igueriben. La plaza fue

bautizada, primero, el 11 de octubre de 1922, con el nombre de África; y luego, el 6 de diciembre de 1923, que es la que todos los melillenses conocemos: la Plaza del comandante Benítez. Él fue condecorado, a título póstumo, con la más alta distinción castrense: la Gran Cruz Laureada de San Fernando. Por la magia del fotomontaje, en todas las fotografías donde se le ve de uniforme, luce en su pecho esa gran distinción. El motivo es que la concesión fue el 3 de enero de 1925, y él cayó heroicamente en la alambrada de la posición de Igueriben el 17 de julio de 1921.

A veces, mi *alter ego*, residente en Melilla, y yo en la península, comentamos que si al comandante Benítez, tras su muerte, lo ascendieron a teniente coronel, ¿qué motivo impide decir teniente coronel, en vez de comandante? Estas son opiniones muy personales de mi *alter ego* y mías; y pensamos que ya va siendo hora de que se le nombre en sus justos términos; porque D. Julio Benítez Benítez, siendo comandante y jefe de la posición de Igueriben en 1921, cayó, cubriéndose de laurel, junto a los hombres bajo su mando, como un héroe nacional, escribiendo una de las páginas más gloriosas de nuestra Patria.

Muchos melillenses pensamos que cada ola que rompe en los acantilados cercanos al cementerio grita el nombre de cada uno de nuestros héroes enterrados allí. Suelen ser las de cristal, con los ojos azules; reflejo de nuestro cielo, que con la geometría de la sal en sus rocas, irradia la gran belleza de nuestra españolidad, de más de cinco siglos. También sabemos que desde la eternidad, saltan desde el silencio, con el ópalo del llanto, los gritos internos de españolidad que nos lanzan en estas páginas; por eso yo, con toda mi humildad, por medio de estas cartas, convertidas en ramas de olivo que florecen al viento de estos acantilados, los traigo ante ustedes, mis queridos lectores.

Mi *alter ego*, residente, me dijo hace unos días que cada una de estas cartas, cuando los melillenses de buena fe las reciban y las lean, debieran colgarlas en los árboles de nuestros parques, como mástiles de nuestra bandera.

61

Hace pocos días le decía yo a mi *alter ego*, residente, que estas cartas epistolares, salidas de mi imaginación, que aunque para algunos sean de soslaya lectura, para mí son de un obligado cumplimiento desde hace muchos años.

La carta de hoy, que ya es la n.º 60; quién me lo iba a decir cuando comencé, lo hice con la pretensión, en contra de algunos falaces comentarios, de dejar muy claro que nuestra ciudad solo posee la cultura europea y la idiosincrasia española. Por ese mismo motivo, he sacado, con toda mi humildad, del olvido y de la desidia, a muchos de los héroes de España, que fueron los que con sus vidas, que las dieron por la Patria, aún mantenemos nuestra civilización europea-occidental y nuestro carácter como españoles, aunque algunos quieran meter, con un calzador, parte de la suya, y lengua incluida, ambas extranjeras.

La carta es de tres soldados abulenses, y dice así:

Queridos melillenses:

Me llamo Andrés Escobar Sanz, y soy cabo de Infantería del Batallón de las Navas n.º 10. Nací en la ciudad de Ávila hace veinticuatro años. Estoy casado y tengo un hijo de dos años. A mi lado se encuentran dos soldados, paisanos míos: uno es el soldado Policarpo García García, nacido en San Esteban del Valle, reservista como yo y de mi mismo Batallón; también está casado y con dos hijos. El otro es Máximo Arroyo Batalla, nacido en Mediana de Voltoya. Máximo está soltero y es cabo del Batallón de Llerena n.º 11, y como los tres somos abulenses, siempre andamos juntos, charlando y recordando el terruño que nos vio nacer. Pero siempre, en todas nuestras charlas, sale a relucir el día 27 de julio de 1909, que fue cuando nos mataron los moros en el Barranco del Lobo.

A veces nos dedicamos a recordar los nombres de los Batallones y quiénes eran los generales que los mandaban; como, por ejemplo, que en la Brigada del general Imaz estaban los Cazadores de la Disciplinaria, los de Alba de Tormes, Barcelona, Mérida, Estella, Alfonso XII y los de Reus. Y la del malogrado general Pintos Ledesma la formaban los Cazadores de Madrid, Barbastro, Figueras, Arapiles, y los nuestros: Llerena y Las Navas.

Algunos días se presentan en las escaleras del Ángel, que es el lugar donde les escribimos todos, dos muchachos muy jóvenes. Uno es Cayetano Castejón Mena, muerto en la misma fecha y lugar que nosotros; que fuera educando de la Banda de Música (toca el fliscorno) de nuestro Batallón. Cayetano es madrileño, de Chamberí, y vivía solo con su madre, viuda. Comenta que desde que a él lo mataron en el Barranco del Lobo, su pobre madre no levantó cabeza hasta que al año siguiente falleció de pena por perderlo a él, que era su único hijo y su futuro sustento en la vejez. Esto lo sabe porque ella lo visita cada 27 de julio desde 1910. El otro es un rifeño de apenas dieciséis años, que dice que lo bautizaron en la Iglesia de La Merced, en la ciudad de Málaga, con el nombre de Antonio, conservando los apellidos paternos de Mohamed Mimún. Aquel está enterrado con nosotros, en el Osario del Panteón de Margallo, y Mohamed dice que, desde cuando falleció de unas fiebres, el 20 de enero de 1877, se encuentra en la Bóveda de la Soledad; y que de vez en cuando viene a charlar con Cayetano, ya que los dos son casi de la misma edad; el mozuelo rifeño habla el castellano como si se hubiese criado en un pueblo de Castilla.

Desde estas escaleras, junto al Ángel, reciban ustedes un fuerte abrazo de todos los que nos encontramos en esta gran Fosa, rogándoles que cuando se acerquen a nosotros, recen una pequeña oración con una simple sonrisa.

Un beso.

Yo creo que ese Ángel de bronce, imponente y natural, como una catedral, se encuentra solemne como un guardián del gran claustro, del cielo y el mar, como son las tumbas y panteones de la Purísima.

62

Cuando sueñas y construyes muchos castillos en el aire, que te harían feliz si fuesen realidad, pienso que si debajo de ellos les vas colocando los cimientos necesarios, al final los verás tal y como los soñaste. Estas cartas, si me lo permiten, son los cimientos de mis castillos, que una a una voy construyendo para que la realidad de nuestros héroes sea conocida por todos ustedes que las leen.

Esta la escribe un sargento de Infantería, y dice así:

Queridos melillenses:

Me llamo Manuel Muelas Vilches, y soy sargento de Infantería del Batallón de Cazadores de las Navas n.º 10. Nací el 16 de junio de 1886 en Vilches, un pueblo de la provincia de Jaén. Los moros me mataron el 27 de julio de 1909 en Ait-Aixa, en el fatídico Barranco del Lobo.

El soldado de mi batallón, Juan Núñez, de la misma edad que yo, nacido en Mombeltrán, en la provincia de Ávila, siempre me comenta que su cadáver lo rescataron al día siguiente, pero a mí, como se me dio por desaparecido, me recogieron casi al mes siguiente. Él fue el primero que me recibió, junto a los demás compañeros que caímos en esos barrancos.

Tengo a mi lado al cabo de Infantería del Batallón de Cazadores, Arapiles n.º 9. Se llama Bernabé Benigno Millanés del Monte. Tiene veintidós años, y nació en Navalmoral de la Mata, en la provincia de Cáceres. A Bernabé lo mataron los moros el mismo día 27 de julio, también en los peñascos del Barranco del Lobo; y lo ascendieron a sargento, por Real Orden, a título póstumo, el 24 de enero de 1911. Como es tan coqueto y presumido, desde que se enteró de su ascenso, por los compañeros que iban cayendo en la segunda década del siglo XX, a veces tengo que prestarle mis galones cuando desea pasear por estos patios llenos de generales y jefes, para así poder saludarlos con sus galones bien merecidos. El caso es que lleva toda la razón, el pobrecito. A mí no me importa nada, porque si tenemos que estar juntos para toda la eternidad, qué más da que los galones los lleve uno u otro; si los dos ofrecimos nuestras vidas por España.

Ahora debo dejarles, no sin antes desearles lo mejor, y rogarles que cuando visiten a sus deudos, se acerquen a nuestros panteones y tumbas, y con una sonrisa recen una pequeña oración por nuestras almas, que siempre les agradecemos con todo el amor de ser hijos de nuestro suelo patrio.

Esa realidad de nuestros Héroes, a la que me refiero al principio, es como el alambique que destila, gota a gota, el olor de la gloria, que yo envuelvo con la tranquilidad de sus almas y la harina celestial de la Purísima; un jardín con la pátina escondida por la luna, el agua y el viento, a veces azotador de los Cortados.

Pero como hay que ser justos, y por si algún lector de estas humildes cartas lo ignora, deben saber que todos y cada uno de los nombres de los Héroes que cito en ellas están entresacados del libro: *Nombres para la Historia Militar de España*, de Isabel Migallón y Eduardo Sar; historiadores de prestigio. Gracias a ellos, estas páginas se llenan de Honra y Honor cada vez que sale publicado el nombre de cualquiera de nuestros Héroes. Claro que tanto a estos dos historiadores, como al tercero «en concordia», José Luis Blasco, por sus aportaciones de datos históricos, hay que agradecerles todo ello.

63

Aunque el género epistolar, debido a internet y al teléfono, hace años que apenas se practica, a mí me encanta esa clase de redacción, con el encabezamiento: «Querida mamá, me alegraré que al ser esta en tu poder estés bien de salud…». Quizás sea por las reminiscencias que aún me quedan de mi oficio de cartero.

Lean con atención la carta que les escribe un soldado destinado en Melilla en 1774, que dice así:

Queridos melillenses:

Me llamo Bautista Pérez y estoy desterrado en Melilla, sirviendo en la Compañía de D. Vicente Alba. Junto a mí están: Juan Rodríguez Torralba, Soldado del Regimiento de la Princesa n.º 35; el confinado Pedro Díez, muerto el 29 de septiembre de 1774, a consecuencia de un ataque de los moros fronterizos, mientras trabajaba en las obras de fortificación del Fuerte del Rosario. También está mi compañero del alma, el Soldado del Regimiento de Brabante, Francisco Jiménez, muerto, junto a mí, de balas traicioneras, en las aspilleras del Fuerte de Santa Lucía, el día 22 de febrero de 1775.

Nosotros solemos visitar este soleado Cementerio de la Purísima muy a menudo; mayormente por salir de las bóvedas en que estamos enterrados. Aquí nos encontramos a Francisco Fernández Yuste, un obrero albañil, como Pedro Díez, que los moros mataron, junto a varios compañeros suyos, mientras construían un puente para el ferrocarril de unas minas cercanas al poblado de Segangan, a la que llamaron: Compañía de Minas del Rif. Dice que, junto a él, cayeron varios compañeros como Emilio Esteban de Xérica, que estaba casado y con dos hijos; otro era Cristóbal Sánchez, casado, pero sin hijos; y el simpático mulato de origen cubano, Tomás Almeida. Estos asesinatos, que más bien fueron fusilamientos a sangre fría, infringidos por los moros fronterizos a unos trabajadores indefensos, ocurrieron en el valle de Beni Enzar, el 9 de julio de 1909.

Entre Pedro Díez y Paco Fernández, siempre existe una conversación muy fluida, ya que los dos entienden de edificaciones, y siempre están hablando de lo mismo: que si en Melilla no hay arena, solo hay asperón, que el aire del mar destruye las fachadas; y así siempre. Y fíjense que Pedro, siendo ciento sesenta años mayor que Paco, este parece su padre. Yo creo que son cosas de las almas, que no tienen edad; y las incongruencias de nada sirven.

Les estoy escribiendo donde están sepultados los legionarios, al que llaman Patio de La Legión. La verdad es que nos entristece tener que dejarles. Desde estas murallas, y con la vista en nuestra bella ciudad, reciban un fuerte abrazo de nosotros, y extensivo de los que descansan en estas tumbas legionarias.

Las almas de estos héroes no están en las fotografías de color sepia, sino en las pequeñas cosas que tocaron, tan simples como leer algunos de sus nombres en los rótulos de nuestras calles y plazas. Sus muertes heroicas no deben estar desamparadas ni olvidadas; hay que nombrarlos, a ser posible uno por uno, con sus gloriosos nombres, igual que sus hazañas. Jamás deben quedar callados como el silencio después de una batalla o de una fiesta.

64

Escribir estas cartas sobre los héroes que están enterrados en la Purísima es para mí la metáfora del bien y del recuerdo; es como si enseñara, con toda mi modestia, el rostro de la Gloria, tan merecida por estos compatriotas cuando ofrecieron sus vidas por España.

Hoy les escribe un soldado que perteneció a un regimiento que tiene su nombre en una de las calles del Tesorillo, Voluntarios de Cataluña, y dice así:

Queridos melillenses:

Soy Pedro Madrigal, soldado del 2.º de Voluntarios de Cataluña, y estoy enterrado en el antiguo Patio de la Taona, cercano a la Iglesia de la Concepción. En la muralla cercana a la Puerta de la Marina, me mataron los moros el día 12 de diciembre de 1774; tres días después de que el Sultán de Marruecos acampara frente a la Plaza, sitiándola durante cien días, siendo yo uno de los noventa muertos que caímos en sus murallas.

Les estoy escribiendo junto a una preciosa niña que me sonríe, saludándome cada vez que paso por donde están sus restos, cuyo cuerpo esculpido en mármol, arrodillada en un cojín, está encima de su sepultura. A mi lado se encuentran dos compañeros, que cayeron en 1909, en lo que llamaron Barranco del Lobo. Gaspar Fontanals Giró tiene veintitrés años y es soldado de Infantería del Batallón de Cazadores Alfonso XII, n.º 15. Me dice que es labrador, y que nació en Alcarrás, un pueblo de la provincia de Lérida. Cuenta que de su Batallón cayeron muchos compañeros en Sidi Musa, el 23 de julio de 1909. El otro es Antonio Fort Cort, con veinticuatro años, soldado del Regimiento de Caballería, cazadores de Treviño n.º 26. Nació en Reus, Tarragona, y a las 4 de la tarde del día 28 de noviembre de 1909 falleció en el Hospital Militar a consecuencia de una herida en el vientre. Él dice que el médico puso en el parte que fue por «herida de guerra».

Ellos creen que como pertenezco al 2.º de Voluntarios de Cataluña, soy catalán como ellos. Pero si les digo la verdad, no recuerdo dónde nací. Desde que este cementerio abrió sus puertas, cada día vengo a pasear por sus patios tan bonitos, ya que no son como los que estamos enterrados en La Taona, en las Bóvedas de La Soledad y la de Nuestro Padre Jesús, o en el Presbiterio de la Concepción, y tantos lugares que me parecen tan tristes y oscuros. Estos paseos, tan llenos de luz, y de visitantes que rezan a sus deudos en sus tumbas, y también las de mis compañeros en sus panteones y sepulcros silenciosos, siempre me han atraído, sintiendo como una sana envidia y alegría por ellos.

Como sé que hay muchos compañeros que desean dirigirse a ustedes, reciban nuestro cariño más sincero, con la sonrisa de esta preciosa niña que nos acompaña.

Un abrazo.

Como sabrán, las almas de nuestros héroes son las más gigantescas que la Patria haya podido alumbrar, y los melillenses tenemos el orgullo de tenerlas junto a nosotros. También creo que sus restos no han podido encontrar urna más adecuada que la tierra donde se desenvuelven en el silencio: el viento, el mar y las flores de nuestro cementerio.

65

Un buen amigo me dijo hace tiempo que el amor por la memoria de nuestros héroes es de pedernal indestructible para muchos españoles. Yo pienso, y pienso muy bien, que sus recuerdos, aparentemente tan frágiles por los años transcurridos, siguen vivos en nuestros corazones y también reflejados en muchos rótulos de las calles de nuestra ciudad.

La carta de hoy la escribe un soldado de Infantería, y dice así:

Queridos melillenses:

Me llamo Ángel Goyenechea Sánchez, y soy Soldado de Infantería del Batallón Cazadores de Madrid, n.º 2. Tengo veinticuatro años y nací en Calzada de Calatrava, en la provincia de Ciudad Real. El 27 de julio de 1909 los moros me mataron en el Barranco del Lobo y, desde entonces, estoy enterrado en el Osario del Panteón de Margallo.

A mi lado se encuentra Hipólito Menéndez Tuñón, un asturiano de Gijón. Este compañero era Tambor de la Banda del Regimiento de Infantería Cuenca n.º 27. Me dice que, a las cinco de la mañana del día 17 de diciembre, murió de una congestión cerebral, en el Hospital Militar; pero algunos compañeros, que lo vieron caer malherido en el campo de batalla, creen que fue debido a una herida abierta en la cabeza.

A veces, se acerca a nosotros Felipe Toledano Rodríguez, del Batallón de Infantería Chiclana n.º 17, nacido en La Pueblanueva, en la provincia de Toledo; también enterrado en el mismo panteón. Felipe dice que fue mayordomo en una casa señorial, donde vivía con su joven esposa y su hijo recién nacido. A él lo mataron en el zoco Beni Bu Ifrur el 30 de diciembre de 1909. La verdad es que es muy lamentable cada vez que nos habla de su hijo, que tras su muerte tenía apenas dos años. Dice que a este le concedieron una pensión anual de 182,50 pesetas, desde el día siguiente a su fallecimiento; pero como lo ascendieron a cabo ese mismo día, acto seguido, al crío, se le aumentó la pensión hasta 273,75 pesetas al año. El niño se llamaba Policarpo, y quien cobraba la pensión era su esposa, Andrea. Nosotros le decimos que dadas las extremas circunstancias de todas nuestras muertes, su esposa e hijo pudieron ir tirando hasta la mayoría de edad de este.

Sabemos de muchos otros compañeros que cayeron en esos barrancos, las pensiones que les quedaron a sus padres (algunas madres y padres eran viudos, el único ingreso que había en ese hogar era el de su hijo), que al dar su vida por la Patria, quedaron con la pena de su trágica muerte y con una exigua pensión, que solo les alcanzaba para mal-comer.

Siento que debamos dejarles, no sin antes enviarles un fuerte abrazo de todos los que estamos enterrados en este camposanto, y con el ruego de que cada vez que visiten a sus deudos, háganlo también en nuestros panteones; se lo agradeceremos eternamente.

Un abrazo.

La pena, querido lector, es algo que nos llora por dentro, con un hilo de llanto que corre y se interna en uno de los escondrijos del alma. Eso es lo que muchos sentimos por nuestros héroes.

A veces, cuando escuchas alguna obra musical, un trozo te llama la atención, como una sorpresa; es como cuando, de noche, distraídamente estás mirando al cielo, y de pronto corre una estrella fugaz. Eso fue lo que sentí al leer las encendidas y elogiosas despedidas de varios colaboradores que le hacían al general D. César Muro, por su ascenso a teniente general, con destino a las islas Canarias. Como bien saben ustedes, este señor, en los tres años que ha estado como comandante general en nuestra ciudad, creo que ha dejado el listón tan alto que será muy difícil de superar; y como creo que suele leer este, mi humilde epistolario sobre nuestros Héroes, tan *sui generis*, salido de lo más profundo de mi corazón; desde estas líneas, mi general, le deseo lo mejor en su nuevo puesto.

Reciba un cordial saludo.

66

La gran Laguna de la Gloria de nuestros héroes, algunos sapos indecentes intentan encharcarla, croando su maledicencia, llenándola de mierda con su mala leche; por eso hay que defenderla, como un antiguo galeón con sus culebrinas, de estos gilipollas, que no han entendido que sus gestas seguirán iluminando esos campos con los laureles que les otorgó nuestra Patria.

La carta de hoy la escriben dos soldados abulenses, y dice así:

Queridos melillenses:

Soy Pedro Fraile Jaén, cabo de Infantería del Batallón Cazadores de Madrid n.º 2. Nací hace veinticuatro años en Narrillos del Álamo, un pueblo de la provincia de Ávila. Fui labrador, junto con mi padre, hasta mi entrada en quintas. A las diez de la noche del 6 de agosto de 1909, a consecuencias de las heridas que los moros me hicieron el 27 de julio en el Barranco del Lobo, fallecí en el Hospital Militar, en la cama vacía de un compañero, abulense como yo.

Se llama Alejandro García García, que se encuentra a mi lado con sus risas y bromas; perteneciente al mismo batallón y destino que yo. Alejandro nació en Santa María de los Caballeros, a 18 kilómetros de mi pueblo; por eso siempre andábamos juntos, ya que nos conocemos desde muy pequeños, añorando vivencias de nuestro terruño. A él lo hirieron de gravedad el 20 de julio, y solamente estuvo encamado hasta las 11 de la noche del 23, en la que el amigo, el compañero y el hermano que fue para mí, nuestras almas se unieron para estar juntos toda la eternidad, morando sobre las nubes, alrededor del Ángel de bronce, gigantesco guardián que vela por todos los que descansamos en este sagrado camposanto.

Hace unos días observamos a varios jefes y oficiales andar rápido, porque se rumoreaba que el general Marina se ha desplazado desde Madrid, donde reposan sus restos, para saludarnos. Dice Alejandro que en julio de 2009, primer centenario de nuestras muertes, al subir por las escaleras del Panteón de Héroes, se lo encontró de cara, junto a varios de sus ayudantes; y el general, al verlo tan azorado, le dio un fuerte abrazo, y le dijo que cada mes de julio se acercaría a estas fosas y panteones para abrazar a todos nosotros. Imagínense ustedes, que todo un comandante general, hombre humano y entrañable, abrace como a un hijo a un soldado de los cuarenta mil que tenía a sus órdenes en aquellos tiempos. La verdad es que debió ser muy emocionante para mi amigo.

Deben disculparnos por la atención que nos han prestado en la lectura de esta humilde carta, y les dejamos en sus quehaceres; no sin antes rogarles que cuando visiten a sus deudos, se acerquen a nuestras fosas y panteones, y con una sonrisa de cariño, recen una pequeña oración por nuestras almas.

Reciban un abrazo.

A los detractores de estas cartas, que sé que los hay, les digo que estos héroes no son personajes de novelas, hechos de papel y de tinta; todos ellos fueron de carne y hueso, como usted y como yo. Por eso, cuando un ignorante de sangre, de raza y de casta, con desdeño e indiferencia, intenta burlarse de mí por estos escritos, lo hace igualmente de ellos, que es como si les golpeasen sus gloriosas almas; y ante eso, sírvase de mi más profundo desprecio.

67

Como sabrán, entre nosotros hay personas que ponen un cerco de hielo a las lágrimas que nuestros héroes derramaron hace décadas; mientras que los que escribimos les ofrecemos un humilde sudario a su recuerdo, con el corazón acongojado. Pero como para escribir hay que hacerlo con la verdad y dejar a un lado el itinerario de dudas, yo voy sacando de entre las páginas de la Historia, con la delicadeza y la suavidad que merecen, sus nombres para plasmarlos en estas cartas, para que todo español de buena fe que lo desee sepa quiénes fueron, y dónde y cómo murieron, ofreciendo sus vidas por la Patria.

La carta de hoy la escribe un joven cabo de Infantería, y dice así:

Queridos melillenses:

Me llamo José Molina Pérez, y soy cabo del Regimiento de Infantería, León n.º 38. Soy soltero y estudiante. Nací en Mula, provincia de Murcia, hace ahora veinte años. A consecuencia de una herida en el abdomen, en el combate de Nador, el 17 de octubre de 1909, fallecí una hora después, de camino a Melilla, en la Laguna de la Mar Chica. Estoy enterrado en el Panteón de Héroes, con muchos compañeros.

Tengo a mi lado a unos soldados de «otros tiempos», y lo digo así porque vienen vestidos con uniformes de hace más de un siglo. Hay un sevillano, Antonio de la Cuesta, que pertenece al Regimiento de Infantería de Zamora, muerto en las murallas de la Plaza el 28 de febrero de 1775. Diego Simón Moreno y Antonio Mateo de Utrera, los dos pertenecen a la compañía fija de D. Antonio Manso, también muertos en las murallas el 1 de marzo de 1775.

También, de vez en cuando, se acerca uno que habla francés, aunque él dice que su idioma es el flamenco y el español. Este se llama Pedro de Muleín Noyel, nacido en la Villa de Pirni, en Flandes, soldado del Regimiento de la Princesa, y muerto junto a la muralla de la Puerta de la Marina, el 28 de febrero de 1775. Como habrán comprobado, estos compañeros cayeron cuando el rey de Marruecos sitió la Plaza, bombardeándola durante cien días.

Y aquí nos encontramos todos los que caímos durante los distintos ataques a nuestros fuertes, murallas y guerras libradas en estos campos cercanos. Aunque a algunos se les ve en el semblante la pena de estar alejados de sus familias, a otros, más alegres por la convivencia entre los que pertenecemos a distintas generaciones, se les ve una cordialidad manifiesta.

A veces pienso, quién me iba a decir que yo estaría charlando tranquilamente con soldados de otros siglos, que dieron sus vidas por lo mismo que los de mi generación: por España, por nuestra Patria, y por esta bonita ciudad que ustedes disfrutan en la actualidad.

Siento decirles que debo dejarles, porque debo acompañar a estos compañeros a su lugar donde están enterrados, como la Bóveda de Ánimas, la de la Soledad, el Patio de la Tahona y alrededores de la Iglesia de la Concepción. Otras veces es al contrario, ellos nos acompañan hasta aquí. Así llevamos ciento dos años, que si ustedes ponen atención, podrán observar cómo nuestras almas transitan desde este camposanto a la Iglesia de la Concepción.

Reciban un abrazo, y recen siempre por nosotros.

Como ya he referido anteriormente, los nombres de todos nuestros héroes, los lugares donde cayeron, y las fosas, nichos y panteones donde están enterrados, me han sido facilitados por José Luis Blasco, principalmente los que figuran en los distintos enterramientos, desde los primeros años de la Conquista hasta nuestros días. Por eso debo agradecerle su filantropía y altruismo sin límites que ha tenido conmigo, ya que sin ello estas humildes cartas jamás hubieran podido salir a la luz.

68

Los pueblos de España, como saben, tienen los nombres más singulares, y si me lo permiten, algunos son tan raros que jamás hayan podido oír; pero todos ellos tienen su historia y son cunas de grandes hombres, como el de este héroe; un sencillo y humilde soldado de Extremadura, que se encuentra esperándome, sentado en los escalones del Panteón de Héroes, para entregarme su carta, dirigida a ustedes, en la que dice así:

Queridos melillenses:

Me llamo Álvaro Ambrona Vivas, y soy Soldado de Infantería del Batallón de las Navas n.º 10. Estoy soltero y tengo veintiún años. Nací en Cheles, un pueblecito de Badajoz, de apenas quinientos habitantes, muy cercano a la frontera con Portugal. Hoy, un siglo después, me dicen que casi dobla el número de personas que residen allí. El día 27 de julio de 1909, escondidos detrás de una peña, unos moros me mataron en el Barranco del Lobo, y desde entonces me encuentro paseando por estos patios, junto a muchos de mis compañeros que también cayeron en el mismo lugar.

Siempre tengo en mi memoria el consejo que mi madre me dio al incorporarme a filas: «Hijo, debes permanecer siempre junto al Dios bueno y bondadoso; y al dios triste, soso y mal alumbrado por su candil, olvídalo y no te acerques a él». También he escuchado por aquí que nuestras almas, por el recuerdo de nuestras gestas y el espanto de la muerte, nunca envejecen ni se marchitan; y creo que es así, porque como ejemplo, tengo a mi lado a Eustaquio Bournier, que aparenta tener unos treinta años y cuenta con ciento cincuenta. Al parecer, por el lenguaje afrancesado con que se expresa, es belga y pertenece al Regimiento de Bruselas. Dice que cuando el rey de Marruecos puso sitio a la Plaza (1774-1775), el 1 de febrero de 1775, los moros fronterizos lo mataron en las cercanías del Fuerte de San Miguel; y creo que debe ser poeta, porque a este Panteón lo llama: «Tabernáculo de la muerte / yerta cámara de héroes difuntos». Él está enterrado en la Bóveda de la Soledad, en la Iglesia de la Concepción, desde donde se desplaza de vez en cuando para visitarnos y charlar con nosotros.

También se ha acercado mi buen amigo, Pedro Alonso Hernández, cabo de Infantería del Batallón de Llerena n.º 11. Este está casado y tiene 25 años, y fue quien intentó salvarme la vida parapetando mi cuerpo con el suyo, malherido, pero con tan mala suerte que los dos caímos al instante en esos inhóspitos barrancos. Desde que nos trajeron aquí, no cesa de nombrar a su esposa, Brígida Blázquez, embarazada de varios meses, y con la pesadumbre de cómo va a poder vivir esta con la pensión de 273,75 pesetas anuales que le abonará el Estado por su muerte en el campo de batalla.

Después de este relato, mis queridos melillenses, para que conozcan nuestros nombres, lugares y gestas donde caímos, nos despedimos de ustedes con nuestro más sincero cariño.

Reciban, de tres humildes soldados, el más sincero abrazo.

Yo creo que nuestros héroes se merecen una ristra de rimas, todas ellas llenas de cariño. Aquellos poetas versistas de la Puerta de la Marina, que cada domingo nos deleitaban con sus poemas, desde estas líneas les invitaba yo a que escribieran de la vida y la muerte de todos los que están enterrados en la Purísima, y lancen al viento, junto al Ángel de bronce, como pétalos de flores, sus versos en el recuerdo. Verán que, aunque sean versos sueltos, blancos o libres, y aparentemente hueros, el agradecimiento desde sus tumbas y panteones silenciosos será eterno.

Yo, sin ser poeta, allá por los 80, una musa, amiga mía, algo casquivana y protestona me hizo escribir, con todo el atrevimiento:

¡Españoles, que de Melilla habláis
sin honor y sin razón,
os suplico que penséis
que es España
y como tal lo hagáis
con el corazón!

69

El Parque de Lobera, para mí siempre fue florido y sombrío, por la parte de la muralla de Victoria Grande. Con su tupida arboleda de pinos enanos; con los bancos de piedra, de grandes nichos; entonces se oían las recias pisadas de los soldados, con sus tachuelas chirriantes en sus botas, por las estrechas alamedas, con escaleras cortas y ribazos regados con el agua de la cercana bola del mundo. A mediados del pasado siglo, por esa parte del Lobera, se paseaba un anciano de boina y bastón, que a la menor ocasión, a los niños más revoltosos, nos reunía en el templete de la placita, y nos leía poesía, y su consejo siempre era que debíamos visitar el cementerio para leer los distintos epitafios grabados en las tumbas «porque hay que honrar a todos los que están descansando en sus patios».

La carta de hoy la escribe un soldado, que comparte un solo epitafio con sus compañeros, como es el poema de Goy de Silva, escrito a los héroes de monte Arruit. Este soldado dice así:

Queridos melillenses:

Me llamo Baltasar Gómez Ruiz, y soy cabo del Regimiento de Infantería, La Lealtad n.º 30. Estoy soltero y tengo veintidós años. Nací en Ramales de la Victoria, en la provincia de Santander, de apenas 2000 habitantes, cercano al Salto del Oso. Les estoy escribiendo desde el Panteón del General Margallo.

No sé si sabrán que a este general lo mataron los moros en la noche del 27 al 28 de octubre de 1893, en la que llamaron la Guerra Chica. Junto a él cayeron los tenientes García Cabrelles, Mejías, Valverde, y el Comisario de Guerra José Valero; que son los que cada día se les ve pasear por el patio junto a la Capilla, seguidos de más de una veintena de soldados, que fueron también los que murieron junto a ellos en las cercanías del Fuerte de Cabrerizas.

A mi lado tengo a Melchor Perdomo de los Reyes. Este es un sargento de la antigua Compañía de D. Luis Antonio Extremera, muerto de un balazo junto al Fuerte de Santiago de la Alcazaba. Pero no crean que fue hace pocos años; él dice que lo mataron los fronterizos el 15 de septiembre de 1722, y la verdad es que por el uniforme debe ser así. A su lado hay un soldado que dice llamarse

Juan de Varela, perteneciente al Regimiento Cuenca, que por accidente perdió la vida al caer al Foso de Santiago.

Como sé que hay muchos compañeros que desean dirigirse a ustedes, les dejo con un abrazo lleno de cariño. Si alguno de ustedes se acercara a nuestros panteones, les ruego recen una oración por nuestras almas; pero háganlo con una sonrisa, que es de la única forma que notaremos su presencia.

Un beso.

Como hijo profundo de mi ciudad, y con la idiosincrasia heredada de mis mayores, también tengo la potestad de la gratitud hacia quienes, gracias a ellos, estas cartas están siendo publicadas, y que ustedes ya saben los nombres de muchos de nuestros soldados, héroes que ofrecieron sus vidas por la Patria, y que están enterrados en la Purísima.

Los nombres y demás datos de este epistolario heroico —como un amigo me dijo que debiera ser llamado— siempre se los agradeceré a José Luis Blasco, que me ha proporcionado el amplio archivo de todos los fallecidos en la Plaza durante siglos, tanto de civiles como militares, con nombres, cargos, destinos y lugares donde cayeron.

70

La carta de hoy la escribe un capitán de Infantería, muerto en 1909 en el Barranco del Lobo. Se encuentra junto a los que cayeron gloriosamente cuando el rey de Marruecos puso sitio a Melilla, en 1774-1775, y dice así:

Queridos melillenses:

Me llamo Laureano García de la Torre, y soy capitán del Batallón de Cazadores del Regimiento de Infantería Barcelona n.º 3. Nací en La Habana, Cuba, hace treinta y cuatro años. La carrera militar la he heredado de mi padre, que en la actualidad es también capitán de Infantería. Ingresé como soldado voluntario en 1891, y ascendí a cabo ese mismo año. En 1894 ingresé en la Academia de Infantería, y dos años después, salí como 2.º teniente, siendo ascendido, ese mismo año, a 1.º teniente. El 3 de diciembre de 1904, ascendí a capitán; y fui destinado a los regimientos: Tarragona 67; África 4; Saboya 6; María Cristina 63; San Quintín 47; Canarias 2; Albuela 26; Príncipe 3, y Ceriñola 42.

Les estoy escribiendo desde la escalinata del Panteón, donde descansan mis restos, en la fila 3, n.º 16. Como sabrán, hay muchos soldados que están enterrados en la Bóveda de la Soledad, en el de las Ánimas, la Tahona, y alrededores de la Iglesia de la Plaza, que nos visitan, y también lo hacen para saludar a los que trasladaron del Cementerio de San Carlos a este de la Purísima, cuando lo inauguraron.

Los que se han acercado, después del saludo, me dicen que cayeron el 9 de marzo de 1775, presentándose cada uno con su nombre, graduación y destino. Fernando Casanovas era un oficial armero, nacido en Madrid; el soldado Pedro Agdomer, nacido en Alsacia, perteneciente al Regimiento de Brabante, y Juan de Mora, Granadero, del Regimiento de la Princesa. Al día siguiente, murieron los Soldados: Pedro Burdo, Francisco Vera, Antonio López Liesta y Jaime Arenas; todos ellos pertenecientes al Regimiento Ligero de Cataluña; y Juan Cabezas, Soldado de la 1.ª Compañía del 1º Batallón del Regimiento de Zamora n.º 7, que murió junto a las murallas de la Plaza, un día después.

El armero que se ha enterado de mis condecoraciones, me dice que no sea modesto, y que debo lucirlas, como mi ascenso después de caer muerto en el Barranco del Lobo, el 1 de agosto de 1909. Solamente poseo dos Cruces al Mérito Militar y la Medalla de Alfonso XIII, y deben disculpar que si estos compañeros han delatado mis humildes méritos que hice en el campo de batalla, vestiré mi uniforme con la estrella de ocho puntas y las tres condecoraciones, con todo el orgullo y el gran honor que siento por nuestra Patria. Ellos se han cuadrado con el respeto a mi rango; pero les he advertido que aquí somos todos compañeros, porque todos caímos en defensa de Melilla y de nuestra cultura occidental española.

Sin otro particular, les ruego que cuando visiten a sus deudos, no pasen de largo ante nuestros restos, deténganse unos minutos y recen una pequeña oración por nuestras almas. Siempre les estaremos agradecidos.

Melilla, como saben, es una gran galería que siempre recoge su luz azul, regalándola a todo el que pasea por sus preciosas calles, plazas y parques. Eso es lo mismo que yo, modestamente, pretendo hacer con estas cartas; si es que ustedes las leen con el mismo cariño y amor con el que yo las escribo. Solo ese es mi gran deseo, y no otro: despertar en los lectores un sincero interés por saber los nombres, destinos y lugares donde todos los héroes que van desfilando por estas humildes líneas, cayeron en defensa de nuestra ciudad.

71

La retórica, junto con la verdad y el alma del escritor, son las que forman la masa donde se cocina la poesía. Y no solo es el estilo, también es todo lo que se encuentra alrededor; y si esa atmósfera no se encuentra dentro de los versos, todo el poema nace muerto, muerto porque no ha podido respirar. Así son estas cartas, que humildemente les sirvo como amanuense a nuestros héroes, donde en cada una de ellas, procuro hacerlo con el amor y los principios literarios referentes a mi forma de pensar y de concebir lo que escribo sobre nuestros muertos: héroes y mártires, tanto civiles como militares, que dieron sus vidas por la Patria.

Hoy nos escribe un soldado de Infantería, y dice así:

Queridos melillenses: me llamo Honorio Juan Sanz, y soy soldado del Regimiento de Infantería Melilla n.º 59. Hace veintitrés años nací en Montesa, un pueblo de la provincia de Valencia. Según el parte que firmó el médico, fallecí en el Hospital Militar a las 10 de la mañana del día 29 de julio de 1909, a consecuencia de las heridas por arma de fuego recibidas el día anterior.

Tengo a mi lado a Jacinto Juárez Martín, un compañero, soldado de la 2.ª Compañía del Batallón de Cazadores de Talavera n.º 18. Jacinto, un muchacho noble y sincero, tiene veinticinco años, aunque, por ser casi barbilampiño, aparenta menos de veinte. Es soltero y jornalero, como yo. Nació en un pueblo más pequeño que el mío, en la provincia de Toledo, de apenas cuatrocientas almas, llamado: Torrecilla de la Jara. Llegó a este camposanto el 20 de agosto de 1909, y nuestros restos, casualmente, se encuentran juntos desde entonces en el osario del Panteón de Margallo.

Me dice que, por las graves heridas, estuvo varios días sufriendo mucho, entre la vida y la muerte, añorando a sus padres y la niñez en el pueblo, pero, al final, la Parca, con su guadaña, como a tantos compañeros, le ganó la partida; y aquí está, sonriendo como siempre lo fue.

Yo sé que han recibido ya varias cartas de muchos de nosotros, en las que creen que nos despedimos para siempre; pero deben saber que seguiremos pensando en todos ustedes, mis queridos melillenses, y en todos los que nos leen; y, a pesar de que se tarde un instante en decir: «¡Hola, cómo estás!», los que estamos enterrados en este silencioso jardín tardaremos toda una vida en decirles: adiós.

Por parte de Jacinto y de este que les escribe: reciban un fuerte abrazo, con el ruego de que, cuando visiten a sus deudos, se detengan unos instantes en nuestra fosa común y recen una oración, o el pensamiento que les plazca. Nosotros lo escucharemos con todo cariño.

Mientras releía estas líneas, antes de enviarlas a la redacción del periódico, la música, muy piano, de *El sitio de Zaragoza*, me ha parecido que ha cortado el aire de mi habitación, cuando la trompeta picaba, con soltura, los toques de la Caballería Militar. Otras veces es Chopín, con cualquiera de sus *Nocturnos*, quien me acompaña.

Este poema, que tuve el atrevimiento de escribir hace años, es en honor de nuestros héroes, como otros muchos que emborroné en mis soledades:

Como cascada de honores
y honras ensangrentadas,
es el sonido piano
de un suave violín,
que desde el Panteón de Margallo

suena.
Siendo vuestra ausencia,
mis queridos soldados,
mis héroes, quien lo toca.

72

Hace unos meses le decía a un amigo que estas humildes cartas a nadie le llaman la atención. Yo, como cualquier ser humano y español, también llevo mis sentimientos en el alma, llegando a la conclusión de proseguir con la labor de que nuestros héroes sean conocidos por medio de estas epistolares misivas. El motivo es que siempre han sido mi gran pasión; y también porque a veces las pequeñas cosas, o recuerdos, por muy insignificantes que pudieran parecer, al desprenderse de la Historia central, ellos con su luz propia alumbran todo lo que se relata. Yo me remonto a mi niñez cuando, paseando de la mano de mi madre, leía en las tumbas los epitafios, los nombres, las fechas y lugares donde cayeron en los campos de batalla. Ya sé que para mucha gente son de soslayo lectura, pero para mí, y creo que también para muchas personas anónimas, es de obligado cumplimiento. Esa es mi intención y no otra. Mi deseo fundamental es que los lectores, aunque sea paulatinamente, lean y sepan de muchos nombres de estos Héroes que cayeron en defensa de la Patria, y por ende, de nuestra ciudad.

El Osario del Panteón de Margallo, en nuestro cementerio, como saben, está repleto de restos de personas cuyos nombres muy poca gente conoce. Imagínense a un cabo llamado Ángel Ruiz Cuevas del Batallón de Infantería, Llerena n.º 11; y me refiero a este Batallón por ser el que el anterior comandante general ordenó la búsqueda, por los archivos militares, de su himno, y que se interpretara en un concierto en el Casino Militar, que lamentablemente, por mi ausencia en la ciudad, yo no pude oír ni tampoco emocionarme, aplaudiendo, como todos los que allí estaban de público. De este cabo solo sabemos que perteneció a dicho Batallón y que, a consecuencia de varias heridas de balas en el pecho, perdió su vida el 27 de julio de 1909 en el Barranco del Lobo, y que sus restos reposan en el Osario del Panteón Margallo.

Piensen que junto a él se encuentran sus compañeros de Batallón: el cabo José Rivas Nieto, nacido en Vicálvaro, Madrid; y el también cabo Cándido Ramos Esteban, nacido en San Vitero, un pueblecito de la provincia de Zamora. Los tres cayeron heroicamente en esos peñascos aquel fatídico día, permaneciendo juntos desde su llegada a nuestra ciudad, junto a los que formaban la 1.ª Brigada Mixta de Cazadores de Madrid, mandada por el general D. Guillermo Pintos Ledesma. Ángel anda siempre triste y apesadumbrado, porque no recuerda el nombre de su pueblo, ni el de sus seres queridos, ya que no figura en las listas de entonces; pero sus compañeros, Cándido y José, son los que se encargan de animarlo, siendo este el que siempre le asegura que es madrileño como él. Lo dice porque el día 21 de julio de ese año, en la Estación de Mediodía de Madrid, observó que una señora mayor, junto a un muchacho de apenas quince años, al despedirse, le entregó un hatillo con comida para el viaje, con dirección a Málaga y embarque hacia Melilla. Estos compañeros le recuerdan a cada instante que esa comida la compartió con ellos en ese mismo tren. También le dicen que a su llegada a

Melilla, la Banda del África 68 les dio la bienvenida, junto a los de Figueras y Barbastro.

Por eso, escribir sobre los que descansan en la Purísima, sean civiles o militares, a mí siempre me emociona y al mismo tiempo me conmueve, y como en las de la serie anterior, es mi deseo que estas cartas sean una especial reserva moral de nuestros héroes, a los que jamás debemos arrinconarlos en un piadoso cajón de nuestra Historia, que yo llamo desidia o abandono, ya que todos ellos, desde el general en jefe hasta el último corneta, fueron los que con sus vidas forjaron lo que hoy es nuestra ciudad. Yo creo que sus restos no han podido encontrar Urna (con mayúscula) más adecuada que la tierra misma donde crecen y mueren las flores de nuestro camposanto.

73

Siempre que me siento al ordenador para escribir estas cartas, intento incorporar la fuerza de mi humilde ficción literaria a los nombres reales de los héroes; procurando dar la verosimilitud necesaria al texto. También para que sean el destino ineluctable a todo español que sienta el patriotismo, con la mirada limpia y la honradez de su criterio; en este caso: de su corazón.

Paseando junto a la Capilla del Cementerio, cerca de la Galería de los Generales, van tres héroes charlando tranquilamente. Uno es Antonio Pellón Díez, 2.º teniente de Infantería, del Batallón de Cazadores de las Navas n.º 10; nacido el 17 de mayo de 1869, en una pequeña aldea de León de apenas cien habitantes, llamada La Uña. Está casado y con dos hijas: Benigna y Carmen. Aunque a él no le agrada decir que está en posesión de varias condecoraciones, su comandante, cariñosamente, le obligó a lucirlas en su pecho cada vez que salga de paseo por estos patios. Estuvo destinado en Filipinas, y tiene la Cruz al Mérito Militar, la Medalla de Alfonso XIII, y la de Bronce. Dice que oficialmente, desde que lo registraron como muerto en combate, reside desde el 28 de septiembre de 1909 en la fila 3 n.º 2 del Panteón de Margallo; pero realmente es desde el 27 de julio del mismo año, que fue cuando cayó heroicamente en los peñascos del Barranco del Lobo.

A su izquierda, y agarrado de su brazo, camina con dificultad el soldado del Regimiento de Infantería África 68, Juan Parra Ruiz; nacido en Lorca, Murcia. Este murciano de veintidós años, es soltero, pero con compromiso de matrimonio en el pueblo, según dice él. Murió de tifus en el Hospital Militar el 27 de noviembre de 1909. Su residencia en la Purísima es el Osario General, junto a cientos de compañeros, deseosos de que sus nombres salgan en este diario.

El otro es un sargento del Batallón de Cazadores de Estella n.º 14; catalán, nacido en Tremp, pueblecito de la provincia de Lérida. Eran las tres de la tarde del 1 de diciembre de 1909, cuando falleció en Dar-El-Hach, a causa de una hemorragia por las heridas, en el mismo campo de batalla. Es casi un adolescente, con solo diecinueve años, y, también permanece soltero. Su residencia es la parcela 9, fila 7, n.º 4. Este muchacho, sin apenas fuerzas por la pérdida de toda su sangre, le obliga a buscar apoyo en el hombro de cualquier compañero; en este caso del teniente Pellón, que lo alza como si fuese un niño inflado, como le dice sonriente.

Estos tres héroes, como cientos de compatriotas heridos de muerte, que dieron sus vidas por la Patria, descansan en sus silenciosas tumbas y en sosegados panteones, con el recuerdo que nosotros, los que sacamos a la luz sus nombres y hechos de armas, sentimos sus miradas imantadas en nuestras almas con la lectura de los epitafios grabados en las losas que los cubren. Estoy seguro que el metrónomo del Honor siempre marcará con su andantino intermitente los grados de gloria para cada uno de ellos. Yo así lo espero; como también aguardo la retirada de la Losa Funeraria de Monte Arruit, situada en la Plaza de España, que ya debiera estar en el Panteón de los Héroes, en la Purísima, cosa que tanto las autoridades civiles como las militares están haciendo caso omiso a estas mis peticiones; y creo que eso hace un flaco favor a los que sentimos a los héroes como padres e hijos nuestros. Habría que preguntarles a estos señores cómo se sentirían si las losas funerarias de sus familiares más directos estuvieran en plena calle, a merced de las meadas de los perros o de cualquier vándalo que las destrozase. Piénsenlo un instante, y por favor, ahórrense la réplica, y hagan su trabajo, que para eso cobran.

Un anciano me dijo, hace muchos años, que esa piedra es de propiedad militar; que cuando la trasladaron desde monte Arruit, la colocaron en el Museo, más tarde en el Ayuntamiento, y ahora está en plena calle, que ni es museística, y mucho menos de atracción turística; y si alguien que esté bien documentado al respecto, y desee ampliar estos datos, pienso que este periódico estará a su disposición; para así los diplomados, licenciados, comentaristas, y algún que otro aficionado a la Historia, saldremos todos enriquecidos al saber de una de sus páginas más gloriosas, escrita en nuestra ciudad. Piénsenlo, por favor.

Debo decir que esa losa, debido a las gestiones de D. Benito Gallardo, presidente de la Asociación de Estudios Melillenses (AEM), ya se encuentra a los pies del Panteón de Héroes en la Purísima. Desde estas páginas se le agradece.

74

El adjetivo integérrimo, como todos saben, quiere decir sin aristas, sin bordes y con una fuerte convicción en lo que se hace. Eso es lo que un buen amigo cree que soy yo cuando lee estas epístolas que escribo en honor a nuestros héroes, cosa que mucho le agradezco; pero debe saber que aparte de esa férrea convicción, lo hago tan a gusto que al terminar cada una de ellas me siento muy feliz, porque sé que algunos lectores se alegran de ello.

Cerca de la Capilla se encuentran tres soldados que se encaminan hacia la tumba de la niña sonriente, esculpida en mármol, arrodillada en un cojín. Ellos van charlando muy tranquilos. Uno se llama Victoriano Martín Toledano, Soldado de Infantería del Batallón de Cazadores de Talavera n.º 18. Es soltero y tiene veintidós años. Nació en un pueblecito, colgado en una ladera de las montañas de la Axarquía, de Málaga, llamado Alcaucín. A las 5 de la tarde del 31 de diciembre de 1909 —¡qué fecha más señalada, pobrecito!—, falleció de fiebre tifoidea en el Hospital Militar; y sus restos se encuentran en la fosa común, junto a cientos de sus compañeros.

Va acompañado de Juan Navarro Muñoz, Soldado del Escuadrón de Caballería Alfonso XII n.º 21. Este también es soltero, nacido en Málaga, capital, y tiene veinticinco años. El

20 de septiembre de 1909, en Taxdir, recibió varios disparos en el pecho, falleciendo a lomos de su caballo. Está enterrado en el Panteón de Margallo.

A dos pasos de este y colgado de su brazo, va Pedro Navarro Serrano, soldado de la 3.ª Batería del 1º Regimiento de Artillería de Montaña; soltero y con 24 años. A las 5:30 de la tarde del 4 de diciembre de 1909, también falleció de fiebre tifoidea en el Hospital Militar. Dice que debido a la fiebre tan alta que tenía, con el delirio, no recuerda dónde nació, pero Victoriano, que lo conoce de cuando estuvieron heridos y juntos en el hospital, le refresca la memoria y le dice que los movilizaron a los dos, y que nació en el barrio de la Trinidad, en Málaga.

Juan, que solo ha visto caballos cuando los carruajes y tartanas circulaban, dando barquinazos por su calle, dice que no entiende nada de esos animales, pero Victoriano *el Cateto*, como lo llama Pedro, criado entre burros, mulos y caballos, lo mandaron a Artillería, con lo a gusto que se hubiese encontrado él entre esos animales y no entre cañones. Los tres andan siempre discutiendo de bestias, del terruño, de pasas y de los vinos moscateles; pero sobre todo, Victoriano, cuya familia son paseros profesionales, es el que defiende las uvas de su pueblo y su comarca.

También comentan sobre la gente que cada día los visitan en el cementerio: a los que les rezan y a los que, en silencio, permanecen durante unos minutos cerca de sus tumbas. A Juan, el pobrecillo, le parece ver a su madre cada vez que observa a una señora vestida de negro. Dice que como para venir a Melilla, solo hay que cruzar el «charco», puede que alguna vez se llegue al cementerio a visitarle. Hay días que se acercan a los panteones para saludar a paisanos y compañeros que también cayeron en otras guerras; siendo los de 1912, 1913, 1914 y 1921-1927 con los que mantienen más trato y también se compenetran.

A veces les agrada observar, desde lejos, al general Pintos, general que cayó muerto de un disparo traicionero al día siguiente de su llegada, en la falda del Gurugú; cuyos restos están en la fila 3 n.º 5, en el mismo Panteón de Margallo. Verlo pasear con sus ayudantes y otros generales que lo visitan, y saludarlos, entre ellos el que en su nombre denominaron ese Glorioso Panteón: D. Juan García y Margallo. Los tres suelen quedarse absortos al ver la cantidad de Cruces y Medallas que estos generales llevan colgadas en sus pechos.

Por eso, creo yo, que el cielo en la Purísima siempre se recorta entre las altaneras copas de sus cipreses, mientras el aire remueve el sagrado silencio de estos moradores. Pero de ese silencio, siempre florece, sonando muy *piano*, como si el Ángel de bronce lo interpretara, las notas de un violín, como una queja sin lágrimas, que nos hace a todos los que visitamos ese camposanto. Es como un ruego a muchas conciencias, llenas de desidia y desamor.

75

Al pie del monumento funerario, con el busto de una señora italiana, María Cosimini, se encuentran dos muchachos. Uno es militar: Abdón Álvarez Alfageme, soldado de Infantería del Batallón de Cazadores de Madrid n.º 2, nacido en Villavellid, un pequeño pueblo de la provincia de Valladolid. Es soltero y tiene veintiún años. El día 27 de julio de 1909, a consecuencia de los disparos que provenían de unos peñascos, en el Barranco del Lobo, cayó mortalmente herido. Sus restos se encuentran en el Panteón Margallo. Junto a él, también cayó un paisano, de su misma edad, que, al encontrarse cercano y presto a ayudarle a levantarlo, recibió dos tiros en la espalda. La tumba de este otro héroe se encuentra detrás de la Capilla, cerca de donde estaba el Cristo de Limpia. En su lápida, renegrida por el tiempo, durante un siglo, se puede leer: «D. Antonio Ruiz Schacht, a los veintiún años a consecuencia de herida recibida en la acción del 27 de julio de 1909, siendo paisano, y en defensa de su Patria. Recuerdo de sus padres». Desde entonces son amigos inseparables; Abdón es el que se acerca siempre a la tumba de Antonio para invitarlo a pasear por los patios; pero con la que tienen una especial amistad, por el cariño con que los trata, es con una señora italiana, que les habla del pueblo donde nació, en la bahía de Génova, en el Mediterráneo: Pietra Ligure. A esta señora le hicieron un monumento funerario, con busto de gran dama de rostro afable en lo alto de la columna, en cuyo sepulcro se puede leer: «María Cosimini Borro, de nacionalidad italiana. Nació en Pietra Ligure, el 17 de octubre de 1867. Murió en Melilla el 2 de noviembre de 1930». La historia de esta señora siempre ha estado rodeada de especulaciones; y nadie sabe quién fue, ni tampoco el motivo de su estancia en Melilla. Yo creo que en el Libro de Defunciones o en el Padrón de la Ciudad, del 2 de noviembre de 1930, consultando fechas anteriores, sean meses o años, debe figurar algún dato de ella para reconstruir la historia. La verdad es que mucha gente nos hemos preguntado: «¿Quién sería esa señora?», «¿fue la esposa de algún representante de Italia residente en Melilla en la década de los años veinte?». Porque realmente el monumento funerario que alzaron en su honor indica que debió ser una señora de familia adinerada. Pero también tenemos al muchacho, héroe civil, que cayó en defensa de la Patria en 1909, y solo figura su nombre en una vieja lápida. Como los libros del Padrón Municipal son públicos y deben estar al servicio de cualquier ciudadano, en este caso de los investigadores que deseen consultarlos, alguien se pregunta: «¿Dónde se encuentran, y quién, o quiénes, son los responsables de su custodia?». Sé de algunos aficionados a la historia de nuestra ciudad que estarían interesados en consultarlos, como los de defunciones, para así poder reconstruir algunas páginas de nuestra historia reciente, de las que solo sabemos sus nombres, fechas de nacimiento y de fallecimientos, gracias a que están grabados en sus viejas lápidas.

76

Mucha gente que tiene el alma pequeña intenta siempre empequeñecer a los demás para ridiculizarlos. Digo esto porque hace unos días alguien me dijo que ya bastaba de escribir sobre los héroes. «¿No te parece que ya es suficiente?», me dijo. Este es músico, pero de los malos, y tan ignorante, y tan imbécil, que no entiende que la música, como la poesía, son las suavizadoras de costumbres, las que endulzan los ánimos más agrios, y predisponen siempre a la benevolencia a los que lo manejan bien, cosa que él, en vez de ejecutar, musicalmente hablando, al leer una partitura en el pentagrama, la ejecuta, la mata, de verdad, eliminando su dulzura.

El relato de hoy es de un sargento y de un soldado. El sargento se llama Cecilio Ojeda Cerrillo, pertenece al Batallón de

Cazadores de Barbastro n.º 4; fallecido por heridas de arma de fuego, en el Barranco del Lobo, el 19 de octubre de 1909. Es soltero, estudiante y tiene 28 años. Nació en Iniesta, provincia de Cuenca. En 1896, con 16 años, ingresó como educando-músico en el Regimiento de Infantería África n.º 4; más tarde pasó al Albuera n.º 26 y, finalmente, al Batallón de Barbastro. Como en su ficha se lee que es estudiante, pudiera ser que sus estudios fueran de música. Está enterrado en el Panteón de Margallo. Junto a él siempre camina, con un violín, con su maletín terciado a la espalda, Juan Padilla Suárez, soldado de Infantería, de la 1.ª Compañía del Batallón de Cazadores de Talavera n.º 18. Este soldado nació en Almogía, un pueblecito cercano a Antequera, en la provincia de Málaga. A las 2:30 de la madrugada del 20 de noviembre de 1909, falleció de fiebre tifoidea en el Hospital Militar, y fue enterrado en el Osario General. Como los dos son músicos: el sargento con su negro clarinete, y el soldado con un viejo violín, heredado de su padre; este le indica que en su pueblo existen los Verdiales, una música muy pegadiza que se toca a primeros de mayo en toda la comarca de los montes de Málaga, y él es el que en su panda toca ese instrumento de sonido tan dulce. El caso es que el sargento siempre le está regañando a Juan, porque este no aprende solfeo, y solo toca de oídas; y eso no puede ser: «Hay que hacerlo leyendo las notas en un pentagrama», le dice. Y a continuación le planta un método de solfeo, diciéndole: «Ahí tienes a D. Hilarión, que también era violinista como tú, a ver si llegamos entre los dos a que sepas, al menos las notas y sus valores». El sargento se refería al célebre *Método de solfeo* de D. Hilarión Eslava, del que durante más de un siglo mucha gente ha aprendido a solfear, incluido este que les escribe, junto con el progreso musical. Estas lecciones suelen ser en las escaleras del Panteón, o arriba, junto al Ángel, junto a la tumba de la cantinera de Batel, doña Juana Martínez López, que risueña los observa desde que en octubre de 1929 la enterraron tras su muerte en Melilla. La señora Juana le dice al de Almogía que haga caso al sargento, porque es el que sabe, y además tiene los galones. Cuando terminan las interminables clases de solfeo, le piden a esta señora que relate lo que vivió en monte Arruit, cuando cuidó al teniente coronel D. Fernando Primo de Rivera, después de que el médico, capitán Peña, le amputase el brazo izquierdo, operándole con colonia por carecer de alcohol y cloroformo. Asomándole una lágrima, sentados los tres en su tumba, relató que este teniente coronel murió en sus brazos el 23 de julio de 1921, después de una cruel y dolorosa agonía; y un poco animosa recordaba que cuando el 9 de agosto de 1921 salían las tropas formadas, sin armas, los heridos en sillas, ayudados por compañeros, en tableros, confiados en el pacto hecho; sobre ellos cayó la jauría de tigres, que asesinó sin piedad, traidora y cobardemente, cazando a los pobrecillos que huían. A todos los que le preguntan les dice que mejor es guardar el dolor en el alma, pero jamás olvidar. Estas palabras, ateridas por la pena, dichas en el camposanto, que nadie escucha, solo las oyen nuestros héroes desde sus tumbas silenciosas.

Como aclaración, diré que la cantinera Juana Martínez López no fue la cantinera de monte Arruit, sino de Batel; y en algunos momentos fue ayudada por Carmen Rueda, hija del cantinero de Dar Drius; la de monte Arruit se llamaba María Gómez Gil.

77

A algunas personas sensibles a la memoria de los héroes, nos parece que es como el sonido de un violín: un silencioso llanto sublime que se alza hasta la Gloria, donde se encuentran todos ellos reunidos. Este sonido, parecido al de la antigua fídula, es mi deseo, cuando lean esta carta, que hoy la escribe un soldado de Infantería, si no a la Gloria, les haga sentir la sensible cuerda del amor fraterno hacia aquellos que dieron sus vidas por todos nosotros, y dice así:

Queridos melillenses:

Me llamo Cayo Melgar Herrero, y soy soldado de Infantería, del Batallón de Cazadores de Madrid n.º 2. Nací, hace veintitrés años, en Tordesillas, en la provincia de Valladolid. Tengo veintitrés años, y antes de incorporarme a filas, era jornalero en el campo. Junto a mí está José Pérez Martín, también soldado de Infantería, del Batallón de Cazadores de Arapiles n.º 9. Pepe es de San Ildefonso, en la provincia de Segovia; también está soltero y tiene veintidós años. Dice, con un poco de ironía, que él no es un jornalero del campo, sino un agricultor. Yo le digo que da lo mismo, porque los dos somos hijos de la tierra. También tenemos en común la fecha de nuestras muertes y la llegada de nuestros cuerpos a este Camposanto. Los dos caímos luchando a tiros, contra los moros, el 27 de julio de 1909, en el Barranco del Lobo; y junto a cientos de compañeros, nos trasladaron al osario del Panteón de Margallo. Pepe y yo solemos pasear con Paulo Policarpo; otro compañero del Llerena n.º 11, muerto el mismo día. Paulo dice que, por la herida que recibió en la cabeza, no se acuerda del nombre del pueblo donde nació; pero por su acento, y cómo se expresa, creemos que es gallego. Nuestras conversaciones casi siempre son sobre los días en que traían los cadáveres de compañeros caídos en 1921, cuando la rendición de monte Arruit, Tarfesit, Zeluán, y todos los que cayeron en el llamado Desastre de Annual, siendo los soldados presbíteros, pertenecientes a las Congregaciones Religiosas que, como simples soldados de quintas, venían a servir a la Patria, como nosotros ya lo hicimos en 1909, los que esperaban al pie de la escalinata para transportarlos, a hombros, al Panteón; siendo ellos mismos, a veces, los que los enterraban. Siento decirles que debemos dejarles, ya que nos vamos a visitar a nuestro general, D. Guillermo Pintos, muerto el mismo día y lugar que nosotros, que descansa en la fila 3, n.º 5 de nuestro mismo Panteón. Aunque el general no las luce todas, sabemos que está en posesión de más de veinticuatro medallas como recompensa a su labor militar. Reciban un abrazo, y si alguna vez se acercan a este camposanto no se les olvide rezar una pequeña oración por nuestras almas.

Fíjense que cuando yo reclamo que este cementerio sea declarado Cementerio Nacional de Héroes, no ando mal descaminado. Por eso habría que preguntarse: ¿En qué cementerio de España, unos jóvenes sacerdotes, mientras prestaban su servicio militar y hacían su labor apostólica, trasladaban a hombros y daban cristiana sepultura a compañeros caídos en los campos de batalla? Eso solo ocurrió aquí, en nuestra ciudad, en Melilla; siendo merecido que se sepa en toda España, y en los lugares del mundo donde se lea por internet; y también para que los responsables, ya sean políticos o militares, tomen buena nota de ello, y para que, de una vez por todas, se haga realidad lo que Melilla se merece, como es tener un Cementerio Nacional de

Héroes. Pero claro, este que les escribe, desde su humilde rincón, solo proporciona una gota de ánimo para que este vaso petitorio se culmine de deseos, que sé que muchos melillenses residentes y de fuera, así lo quieren. Aunque a veces, como nuestro Ángel de bronce, solemne y solo, pero firme guardián de las almas que duermen en nuestra Gloria Patria, como son los Panteones de la Purísima, me hallo entre estas páginas que a menudo ustedes leen, y sin nadie que apenas incline su cabeza, o agite su pañuelo de complicidad, aunque sea desde la distancia de este mar.

78

A mí me hace este periódico un precioso regalo, que es un verdadero honor, cada vez que les entrego una carta de parte de los héroes, para que ustedes, todos los que me leen, puedan conocer sus nombres, fechas y lugares donde cayeron en los campos de batalla. Y lo más importante: dónde se encuentran sus restos. Por eso, es mi deseo, y no otra cosa, que este epistolario tan *sui generis*, seque la mancha de lágrimas que cada uno tenemos en nuestros corazones, y sea la señal de que aún existimos españoles que sentimos el orgullo cada vez que en cualquier lugar, ondea nuestra bandera, o se habla de los que ofrecieron sus vidas por todos nosotros, como son nuestros héroes.

La carta de hoy la escribe un soldado y dice así:

Queridos melillenses:
Me llamo Benito Pozas Gómez, y soy soldado de Infantería del Batallón de las Navas n.º 10. Estoy soltero, y tengo veintidós

años. El 27 de julio de 1909, los moros me mataron en los peñascos del Barranco del Lobo, y desde entonces mis restos se encuentran en el Osario del Panteón de Margallo. Como ustedes saben, en este camposanto habemos soldados y paisanos de todas las épocas. A veces podemos estar charlando en estos patios, compañeros de varios siglos anteriores a este en que caímos en 1909. Hace unos días conocí a Juan Hidalgo Negrete, que según me dijo, murió ahogado en el gran temporal el 26 de abril de 1854, en el antiguo Muelle de la Florentina. Me dice que nunca encontraron su cadáver.

Este suele venir acompañado de Cristóbal Osea, un carpintero que trabajaba en las obras de las murallas de la Plaza; de un desterrado, perteneciente a la Compañía del Señor Alba, llamado Agustín Pajero; y de Agustín Bayer, soldado del Regimiento de Brabante, los tres murieron, como se decía entonces, «de bala mora», el día 6 de enero de 1775. Tengo que decirles que por las heridas que recibí en la cabeza, la verdad es que no me acuerdo dónde nací; pero Hidalgo cree que mi madre me parió en un pueblo de Castilla; lo dice por mi acento, que pronuncio muy bien las eses. A los que les noto un castellano muy raro son los que cayeron durante los días en que la Plaza estuvo sitiada por los moros; que según dicen fueron cien días, con sus cien noches.

Cristóbal, el carpintero, como parece un hombre muy leído, comenta que sabe dónde está enterrado el que fuera gobernador en 1632, D. Luis de Sotomayor. Dice que sus restos se encuentran en la antigua Iglesia de San Miguel, en la que en su losa, medio partida, encontrada en 1996, se puede leer: «(...) De su majestad, caballero del infante cardenal, alcaide gobernador de esta fuerza. Falleció el 14 de marzo de 1632 años». Siento mucho tener que dejarles, no sin antes rogarles que si alguna vez visitan este camposanto, no se olviden

de rezarnos una oración, o una sonrisa: ambas las agradecemos y las
sentimos siempre en nuestros corazones.

Yo sé que hay quien lee por detrás de estas cartas, buscando
alguna contradicción —cosa que me importa un bledo—, en vez
de iluminar con una luz rasante en la superficie de las páginas,
como se suele hacer cada vez que observamos un cuadro con
relieve y tonalidades. Para mis modestas entendederas, estos héroes
se hallan empapados de mar y de rocío, caminando siempre con
la bandera de la Patria, y el laurel bien ganado en los campos de
batalla; todo ello bajo la atenta mirada del Ángel que los guarda
en sus silenciosos sepulcros.

79

Hubo alguien, hace ya muchos años, que al referirse a los
héroes que se encuentran en nuestro camposanto, decía que las
ramas de sus almas cada día siguen creciendo en nuestros corazones, y es imposible que se derramen en los jardines abandonados.
Por eso es mi deseo que estas ráfagas desordenadas sirvan de
centelleantes luces en cada carta que ellos nos envían desde sus
sepulcros y panteones.
La de hoy la escribe un soldado, y dice así:

Queridos melillenses:
Me llamo Manuel Fuertes González, y pertenezco a la Bri-
gada Disciplinaria de Melilla; tengo veinticinco años y estoy soltero.
Mi oficio es cantero, y también hago algunos pinitos en la escultura,

cosas sin mucha importancia, pero que a mí me agradan y me hacen sentir muy bien. Nací en Alfaro, un pueblo vinícola de La Rioja. El 23 de julio de 1909 los moros me mataron en Sidi Musa, y en el parte médico dice que fallecí a consecuencia de arma de fuego. Desde esa fecha estoy en el Osario del Panteón de Margallo.

El día 22 de julio de 1921 tuve el honor de conocer, a su llegada, a los capitanes D. Eduardo Guzmán Ruiz y a D. Ramón Moreno de Guerra Alonso; ambos del Grupo de Fuerzas de Regulares n.º 2. Apenas despidieron sus féretros en las sepulturas, me acerqué a ellos y, con un marcial saludo, me puse a sus órdenes. Ellos, con la sencillez y la humildad, característica de todo héroe, me dijeron que como ya estaríamos juntos para toda la eternidad, y los tres perdimos nuestras vidas en aras de la Patria, y por ende, para que Melilla siguiera siendo España, con su cultura occidental, sería conveniente que, junto a los grados de cada uno, fuésemos amigos para siempre.

Cuando les conté que a mí me mataron los moros en Sidi Musa, ellos me explicaron que el 21, un día antes de sus entierros, los dos murieron en el Hospital Docker a consecuencias de las heridas de guerra. Al entierro asistieron el comandante general y el general 2.º jefe, con el jefe y la oficialidad del grupo de Regulares n.º 2. Contaban que desde las diez y media de la mañana, que salió su cortejo fúnebre del Hospital Militar Docker, hasta el cementerio, donde los despidieron con todos los honores, sus almas, agradecidas, lloraban con el honor de hijos de la Patria. Yo siempre les digo que aquellas honras fúnebres fueron tan merecidas como las de cualquiera que ha dado su vida por España.

El capitán Guzmán se sonríe y mira al capitán Moreno. De vez en cuando, por las escaleras del Ángel, se acerca muy sonriente el teniente D. Pedro Ledesma Gracián, perteneciente al mismo grupo de Regulares. Este teniente llegó aquí el 19 del mismo mes y año. Como yo llevo más tiempo que ellos por estos panteones, sé que cuando dieron sepultura al teniente, cerraron todas las tiendas de Melilla, y una sección de regulares fue la que le rindió los honores, al mando de su compañero el teniente Barragán, con la Banda y Música del Regimiento de San Fernando. La verdad es que fue tan solemne y emotivo que cuando lo recuerdo, aún mis lágrimas queman mi rostro. Y como nos hemos puesto un poco tristes, solo me resta decirles que cuando paseen por estos patios, visitando a sus deudos, recuerden rezar una pequeña oración por nuestras almas; pero por favor: háganlo con una sonrisa, que nosotros se la devolvemos siempre con todo nuestro cariño.

Reciban un fuerte abrazo.

El edificio de mi humilde erudición, conseguida por los años de lectura de autores como Neruda, Machado, Erasmo, Cervantes, Quevedo y tantos otros, han sido los materiales que me han servido para saber que a la poesía hay que vestirla de lozanía y con las mejores galas, e inundarla con luz natural; sin recargarla de follaje ni abrumarla de tinieblas. Yo, sin ser poeta, ni mucho menos, les digo: lean estas cartas con amor, ya que con sentimiento salen de mi humilde pluma; y sirvan sus luces de antorchas para alumbrar algunos corazones ciegos.

80

Para mí, escribir estas cartas es como el que escribe poesía: donde se le aparece una elegante dama, con un vaporoso vestido, se le acerca y, muy suavemente, le dicta el primer verso, y luego se marcha, dejándole un halo de felicidad en el alma. Claro que después el rapsoda debe ingeniárselas para continuar con la composición. Porque para escribir no solo se necesita lápiz y papel; es también saber mirar de una cierta manera, con un grado singular de intensidad y lucidez; en este caso, del cariño a la memoria de nuestros héroes.

La carta de hoy la escribe un soldado, y dice así:

Queridos melillenses:

Me llamo Jesús Rodríguez, y soy soldado de la Brigada Disciplinaria de Melilla. Nací en Brosmos, cerca de Sober, un pueblecito de la provincia de Lugo, hace treinta y cinco años. Desde muy joven aprendí el oficio de barbero; cosa que he practicado en el cuartel desde que me destinaron a Melilla. Mis restos descansan en el Osario del Panteón de Margallo desde el 9 de julio de 1909, cuando los moros me mataron en el valle de Beni Enzar.

Debo decir que ese mismo día, también mataron a los trabajadores de las Minas del Rif: Emilio Esteban, Cristóbal Sánchez, Salvador Pérez y el liberto Tomás Almeida. Eso ocurría cuando se disponían a cimentar un puente en el arroyo de Sidi Musa, abatiéndolos los moros, y una vez todos en el suelo, moribundos, los remataron con piedras. Desde la Posada del cabo Moreno, salieron al mando del general Marina, la Brigada Disciplinaria, a la que yo pertenecía, con el teniente coronel D. José Aizpuru, y las secciones de Artillería al mando del capitán Pastorfido, y la de a pie, del capitán Lobera, con dos compañías del África, y otras dos de la Disciplinaria, logrando rechazar el ataque en las lomas de Sidi Musa. Mi teniente, señor Salcedo, un buen hombre, también cayó muerto.

De vez en cuando, al atardecer, solemos pasear con estos trabaja-dores, civiles, que cayeron de «bala mora», como dice Tomás Almeida. Este cubano mulato no suele comentar el motivo por el que lo enviaron a Melilla, pero dice que desde el 22 de diciembre de 1906, le conce-dieron el 4.° período de pena o de circulación (condición de liberto), al poco tiempo de su llegada al Presidio; por eso estaba trabajando en la construcción del ferrocarril de las minas, como uno más de los trabajadores. También, algunos días, suele acercarse a nosotros Paco Flores: soldado de Intendencia, perteneciente a la Comandancia de Sevilla. Este es un muchacho muy simpático, con la gracia de su tierra, que apenas llegó aquí, el 23 de agosto de 1921, ya nos dijo que solo sabía hacer «pan de munición», pero del mejorcito. Nos contó que cuando lo trajeron ya llevaba muerto desde el domingo 21, cuando los moros lo mataron.

En espera de que esta humilde carta haya sido grata lectura, que servirá de respuesta a nuestras almas; desde el patio donde descansan los legionarios caídos por la Patria; nos asomamos a la Rambla del Agua (calle Castelar), despidiéndonos de ustedes con todo nuestro cariño.

Reciban un fuerte abrazo.

A veces pienso que las plantas tristes del cementerio lloran desconsoladas y de pena por el abandono que algunos políticos les tienen a sus héroes, que las alimentan desde sus tumbas si-lenciosas. El poeta José Hierro decía: «Antes cuando moría un español se mutilaba el universo».

81

Muchos poetas, al escribir sus poemas, lo que hacen es hilvanarlos para que el lector haga las costuras, y le quite los trocitos de hilo sobrantes, y así construya su propia visión del poema. En estas cartas, yo procuro siempre hacer un ramaje de amor, hilando las palabras, como Schubert hacía en sus partituras, con la melodía que nos lleve a la reflexión, con los recuerdos de los héroes enterrados en la Purísima, y a la vez glorificar a los desaparecidos en aquellos desolados campos de batalla.

La carta de hoy la escribe un soldado de Infantería, y dice así:

Queridos melillenses:

Me llamo Mariano García-Escalona Román, y soy soldado de Infantería del Batallón de las Navas n.º 10. Soy soltero y tengo veintiún años. Nací en Navahermosa, un pueblo de la provincia de Toledo. El día 27 de julio de 1909, los moros me mataron en el Barranco del Lobo; y desde entonces ando por estos patios junto a algunos compañeros.

Un día sí, y el otro también, acompaño a dos soldados de la Disciplinaria y tres del batallón de un regimiento que vino con el general Pintos, y que ninguno de ellos sabe decirme el nombre de esa unidad. Creo que se debe a que recibieron heridas en la cabeza y no recuerdan nada; o también, como fueron compañeros de fatigas, jamás se separan; o quizás sea por la intuición que les une desde que se incorporaron a filas, que no podrían estar desunidos. Lo único que sé es que los cinco están enterrados en la fosa militar del Patio 13, desde el 19 de julio de este año de 1909.

Debo decirles que la mañana del 22 de septiembre de ese año fue emotiva y muy triste; y lo digo porque llegaron los cadáveres de los comandantes: D. Ricardo Fresneda Calsamiglia, del Llerena 11; mi comandante, de Las Navas, D. Eduardo López-Nuño Moreno, y los de los capitanes Fernández Martínez, Merino Guerra y D. Ángel Melgar Mata, del Arapiles 9. A todos les concedieron la Cruz Laureada de San Fernando. Con ellos venían también los de dos sargentos, dos cabos y doce soldados. Fue muy emocionante ver a algunos de mis compañeros del Batallón de las Navas n.º 10 formados, tributándoles los honores de ordenanza en la puerta del cementerio.

Cuando ya quedaron instalados en los panteones y el cortejo fúnebre abandonó el camposanto, uno de los cabos comentó que en la casa donde cayó heroicamente el teniente coronel Ibáñez Marín, también encontraron el cadáver de un militar en su interior, y junto a la puerta había otro. Dijo que el general Arizón, Gobernador militar de la Plaza, dispuso que todos los cadáveres fueran envueltos en banderas nacionales, y posterior traslado al cementerio; como así fue. La verdad es que siento mucho tener que despedirme de ustedes, no sin antes decirles que cuando paseen por estos patios recuerden que, con todo nuestro afán, luchamos por nuestra Patria. Ténganlo siempre muy presente.

Reciban un fuerte abrazo.

Del Barranco del Lobo y de la Guerra de 1909 se ha escrito y se ha derramado tanta tinta, que este que les escribe solo cree que el Gurugú, con sus dos cumbres que vigilan nuestra ciudad: el Kol-la y Basbel, son dos inmensas y malditas muelas cariadas por la sangre vertida de varias generaciones de compatriotas nuestros.

82

Decía Unamuno que no entendía cómo se puede vivir quien no lleva a flor del alma los recuerdos de su niñez. Muchos de los recuerdos de cuando yo era un *chaveílla* son los eucaliptos cercanos al cementerio, y los juegos en su explanada, junto a la fuente. Había veces que debíamos parar porque el señor Frasquito hacía sonar la vieja campana, en lo alto de la escalinata, dando aviso de que se acercaba un coche de caballos, con su pitejo, y el cortejo de acompañamiento del difunto. Aunque en ocasiones, ese cortejo era tan solo de dos o tres personas, porque el fallecido no tenía familiares ni amigos. También recuerdo que mi padre, y algunos amigos, solían incorporarse al principio de la calle Padre Lerchundy, y acompañar a estos entierros tan desangelados y solitarios. «¿Papá, es que tú conocías a ese difunto?», [le preguntaba yo, y él respondía:] «No, pero era igual, que si hubiese sido un amigo». Decía que era muy triste que a uno lo entierren sin que nadie lo acompañe a su última morada.

La carta de hoy la escribe un soldado de Infantería, y dice así:

Queridos melillenses:

Me llamo Justo Cárdenas Guardo, y soy soldado de Infantería del Regimiento Saboya n.º 6. Hace veintidós años nací en Guadalupe, un pueblecito de la provincia de Cáceres. Mi casa, que también servía de carpintería, estaba cerca de la carretera de Navalmoral. En ella trabajábamos mi padre, Remigio, y yo. Mi madre se llamaba Juana. El 9 de julio de 1909 fallecí en el Hospital Militar, que, según el parte del médico, fue de tifus.

Cada 29 de julio espero a mi compañero de regimiento, Gabriel Fernández Rodríguez. Digo que lo espero porque es la fecha en que falleció sor Alegría de Jesús, que fue el 29 de julio de 1960, a los ochenta años de edad. Cuando llega esa fecha aparece por el patio, muy alegre, para sentarse a charlar con esta anciana monja, toda llena de bondad. Yo los veo, y más bien me parecen una abuela riendo con su nieto. Gabriel me ha contado infinidad de veces que esta venerable anciana, cuando contaba treinta años de edad, fue la que le cedió un trozo de piel de su brazo para la operación que le salvó la vida, el 14 de abril de 1910, en el antiguo Hospital del Buen Acuerdo.

El orgullo de Gabriel es cuando menciona las condecoraciones que posee su anciana amiga, como son: la Gran Cruz de Beneficencia, la del Mérito Militar, Cruz Roja, Real Academia, Campaña del Rif; Medalla de Plata de la Ciudad de Melilla, la Legión de Honor de Francia; y también que Melilla le dedicara una calle cercana al colegio y la Iglesia, que fundara en 1908, junto a su compañera Sor Josefina. Y cuando quiere hacerla sonreír, le llama: «Señora directora del Colegio de Nuestra Señora del Buen Consejo, y consiliaria general de las RR. HH. Terciarias Franciscanas de los Sagrados Corazones de Jesús y de María».

A veces se les acercan, de los nichos cercanos a la Capilla, D. Manuel Serrano Ruiz, general de División, que fuera gobernador militar de la Plaza, muerto el 16 de diciembre de 1904; y D. Luis Alcalá Gutiérrez Calderón, 1.º teniente de Caballería de Cazadores de Villarrobledo, muerto el 6 de octubre de 1902. La verdad es que a los que solemos pasear por estos patios, nos produce una gran satisfacción ver a una anciana monja de ochenta años, un general de cincuenta, un teniente de treinta y dos, y a un soldado de veinte, charlar como buenos camaradas.

Queridos lectores:

Esta es nuestra vida en la eternidad que disfrutamos en este camposanto; no importa que sean espadas, bastones, estrellas, galones o

simples soldados rasos: aquí, la equidad entre nosotros es tan palpable
que, mediante estas cartas que os escribimos, cualquiera puede compro-
barlo; porque todos ofrecimos nuestras vidas, ondeando la bandera de
la Patria. Para despedirme les deseo que sean felices, y cuando visiten
a sus deudos y paseen por estos patios, deténganse unos instantes ante
nuestros sepulcros, pero háganlo con una sonrisa, porque es muy triste
llorar sin mostrar las heridas de nuestras almas.
    Reciban un fuerte abrazo.

Dice el poeta que las flores son las únicas que alimentan la
soledad del camposanto, con la pena y las lágrimas de los familiares
al alejarse después de cada sepelio; pero se equivoca el trovador,
ya que son ellos, nuestros héroes, los que nutren ese «retiro» de
silencio, a la Gloria. También ese silencioso respeto en estos patios siempre invita a la reflexión; mientras el gigantesco Ángel es
testigo y guardián de los llantos y rezos por todos ellos.

83

Cuando se entra al Cementerio de la Purísima, si vas con el
alma limpia, siempre te encontrarás a los Héroes paseando por sus
jardines, alrededor de las tumbas. Los verás pasar a nuestro lado
en silencio; unos, abrumados por lo que está ocurriendo en la
actualidad, en la ciudad, con los «españoles de nuevo cuño»; otros,
doblando la espalda, sin apenas sonreír. Van por el viejo sendero
acogedor, con el aroma de la lejanía que han conservado desde
hace décadas; queriendo navegar por el gran río del tiempo, comentando sobre las actitudes de las generaciones que les siguieron.

Ese río es el que todos conocemos; es el que desemboca en el lago aprisionado por la dulzura de nuestros corazones.

La carta de hoy la escribe un cabo 1.º de la Compañía de Mar, y dice así:

Queridos melillenses, aunque debiera decir paisanos, porque yo también tuve el privilegio de que mi madre me trajera a la vida, en nuestra preciosa ciudad, hace treinta y un años. Me llamo Juan Garbín Espigares, y les estoy escribiendo junto a los compañeros muertos, como yo, en acto de servicio, de nuestra centenaria Compañía de Mar. Desde el 28 de mayo de 1997, me encuentro descansando en estos jardines, y la verdad es que solo me entristezco, y a la vez siento una alegría interna, cada vez que mis padres me visitan; porque los veo con el espanto de la pena en sus semblantes; aunque yo siempre deseo darles el ánimo que se merecen, pero sé que con todo su amor, me llevan consigo en lo más profundo de sus almas. Mi padre, como buen trovador, me ha escrito poemas de amor y de dicha, y tantos otros que aún los lleva en su corazón; sin que se encuentre capaz de sacarlos a la luz; esos los llevo siempre conmigo, como el precioso cuento de Rusadín y Anforita. Y mi madre: «¡Oh!, mi dulce mamá; qué les voy a decir a ustedes, sobre el sentimiento que puede sentir una madre buena por su hijo; cuando aún cree que lo lleva en su tibio vientre». Mi muerte fue a causa de un fatal accidente en la Isla de Alhucemas. Pero ahora no les voy a hablar de ello; lo que sí deseo comunicarles es que, desde junio de 1913, cada año por esas fechas se desplazan desde el Panteón de Marinos Ilustres, de la población militar de San Carlos, en San Fernando, Cádiz, personajes tan relevantes en nuestra Historia, y la vida militar de España, que yo, desde que me encuentro en la Purísima, jamás pensaba conocer. Cada año viene una comisión, y lo mismo se presenta el almirante Cervera, junto a Ignacio María Álava, Álvaro de Bazán, Blas de Lezo, Vicente Tofiño, Fernando Villaamil, Federico Gravina, y tantos que ya se me han olvidado algunos de sus nombres. Todos ellos vienen a charlar, y rendirles un emotivo homenaje a los marineros del cañonero general Concha. Al capitán de corbeta, señor Castaño Hernández, que mandaba ese barco el 11 de junio de 1913, se le puede ver cuadrándose ante ellos, pero estos siempre terminan aproximándose al cabo de cañón, Antonio Mesas, para que les narre aquella gesta en el barco. El año pasado, al verme cerca de ellos, el almirante Cervera me preguntó por qué no lucía en mi pecho la Cruz de la Orden al Mérito Militar, que me concedieron el 24 de junio de 1988. Yo, la verdad es que me sentí un poco avergonzado, y sin dejarme responder, no sé de dónde sacó mi medalla, que él mismo me la colgó en el pecho, con la advertencia de que jamás se me olvidara llevarla. Así que, aunque peque de falta de modestia, desde entonces, dicha medalla siempre lucirá en mi pecho. Muy cerca de donde estoy, se encuentra el mismísimo general, D. Manuel Romerales Quintero, que fusilaron en 1936 en Melilla, cuando defendía la legalidad de la II República. Deben disculparme, si les dejo, no sin antes desearles que sean muy felices, y si alguna vez se acercan a este camposanto, no se olviden de que me encuentro junto a varios de mis compañeros, o charlando amigablemente, tanto con los generales Margallo, Pintos o Romerales, héroes por una u otra causa, entre otros. Reciban un fuerte abrazo, y que sea extendido a los amigos que aún quedan con ustedes. A mis padres: «¡Ay!, mis padres, que siguen regando mis huesos con sus llantos, como dia- mantinos cristales por mi ausencia: a ti, papá, te digo que tus versos, que siempre pones en mi alma invisible, sabes que siempre estoy en vuestra sombra ajardinada, como ardientes luciérnagas que fluyen por vuestras limpias almas, de buenos padres; y amarradas de luz, con los gritos de estos cipreses, mecidos por el impertinente Eolo, en la Gloria Eterna en estos sublimes patios».

Mi querido amigo Juan, y esposa, padres de este gran Soldado: Como veréis, ya no me quedan palabras para expresar el significado de todo lo escrito aquí. Bien sabes, trovador amigo, que siempre he deseado incluir a vuestro añorado hijo en este correo epistolar. Desde esta ciudad, hermana mayor de nuestra Melilla, os deseo un feliz día al término de su lectura, y sabed que aquí tenéis un amigo.

84

Desde estas páginas, con estas humildes líneas digo que una palabra no es palabra mientras no se pronuncia. La palabra, en este caso, la escrita, es como una sombra, que está ahí, en el papel; pero cuando se pronuncia, o es leída en silencio para sí mismo, es una sombra que se levanta y se nos pone delante, diciéndonos: «Aquí estoy». Un anciano, hombre sabio, hace muchos años, me decía que la Purísima es la residencia de los ángeles buenos. La carta de hoy la escribe uno de esos ángeles buenos, diciéndonos que está aquí, como una amable sombra para relatarles, por medio de estas líneas, sus sentimientos, y el de algunos compañeros caídos en distintas épocas, en la defensa de nuestra ciudad, y dice así:

Queridos melillenses:

Me llamo Agustín González Suárez, y soy soldado del Batallón de Cazadores de las Navas n.º 10. Nací en el extrarradio de Garrovillas de Alconétar, un pueblo de la provincia de Cáceres.

Mi madre me decía que me tuvo cerca de la Torre de Floripes. Tengo veintiún años, y soy labrador, como todos los varones de mi familia. El día 27 de julio de 1909, a consecuencia de las heridas sufridas por arma de fuego, caí muerto en el Barranco del Lobo.

Les estoy escribiendo desde el Osario del Panteón de Margallo, junto a un paisano y compañero de batallón: Julián Mirón Iglesias. Julián es soltero y labrador, como yo; y tiene veintitrés años. Nació en Torrejoncillo, a pocos kilómetros de mi pueblo. A él también lo hirieron gravemente el mismo día que a mí, pero a consecuencia de esas heridas murió de una grave infección el 30 de septiembre de 1909, en el Hospital Militar.

Como ya se pueden imaginar ustedes, los dos siempre andamos juntos y charlando del terruño y de las fiestas que organizan en nuestros pueblos; y más en el mío, que tiene una de las plazas más grandes de España, como decían entonces. Tengo que decir que nos hemos hecho acompañantes perennes de nuestro teniente coronel, D. Tomás Palacios Rodríguez; del comandante, D. Eduardo López-Nuño Moreno; y del capitán de nuestra compañía, D. Joaquín Tourne y Pérez-Seoane.

A veces les acompañan el capitán del Llerena n.º 11, D. Rafael Moreno de Guerra Alonso, que mandaba la 2.ª Compañía de ese batallón, y su hermano Ramón, capitán que murió gloriosamente el 21 de julio de 1909. Como este capitán no se encuentra en el Panteón de Margallo, siempre andan, ambos hermanos, de aquí para allá.

Aunque no las luzcan en sus pechos, por habérselas concedido a título póstumo, tengo que decir que todos ellos poseen la honrosa Cruz Laureada de San Fernando. Nuestro teniente coronel siempre nos dice que esas condecoraciones son tan nuestras como suyas, porque la verdad es que todos los que nos encontramos en estos panteones caímos en esos trágicos barrancos.

Y ahora siento decirles que debo dejarles porque se hace de noche, y aunque aquí no existe ningún toque de retreta, ni obviamente el de silencio, sí que debemos estar todos y cada uno en los puestos que nos asignaron a nuestra llegada.

Reciban un fuerte abrazo de este soldado de las Navas; y por favor: recen por nosotros.

Hace unos días estuve en el pueblecito de Alameda, cerca de Antequera, aquí en la provincia de Málaga; y charlando con un antiguo compañero, nacido allí, le comenté que el Ayuntamiento de su pueblo, al finalizar la Guerra del Barranco del Lobo (1909), acordó suspender toda clase de festejos durante su feria, aplicando el dinero que se iba a emplear en ellos en sostener a las familias de los reservistas y en curar a los hijos de la localidad que resultasen heridos en la campaña. Este amigo quedó muy sorprendido.

85

Todo aquel que tiene sus sentimientos patrios a flor de piel sabe que escribir sobre los héroes es como asomarse a un gran lago azul, tranquilo y profundo, para dedicarles versos limpios, como una fina lluvia caída en un prado en primavera. Aunque yo creo que en los tiempos que corren, su memoria, cubierta de laureles y glorias patrias, debemos siempre recordarla con el amor y la ternura que ellos se merecen.

La carta de hoy la escribe un guardia civil, asesinado por la banda terrorista ETA, cuyos restos se encuentran en el Cementerio de San Gabriel, en Málaga, y dice así:

Queridos melillenses:

Me llamo Juan Piñel Villalón, y les estoy escribiendo junto a mi compañero, Antonio Molina Martín, aquí en la Purísima. Como ya sabéis, desde que los criminales de ETA acabaron con mi vida, en el pueblecito de Legutiano, de Álava, el 14 de mayo de 2008, me encuentro en el Cementerio de San Gabriel, en Málaga. El motivo de que mis restos descansen en ese cementerio malagueño es porque mi mujer y mi hijo, junto a toda mi familia, vive allí, en la barriada de El Palo; pero yo, de vez en cuando, me escapo a este de la Purísima para reunirme con Juan Ramón Joya Lago, Juan Antonio Díaz Román, y Antonio Molina; los cuatro, guardias civiles, y además melillenses. Díaz Román, el mayor, lleva aquí desde que la gentuza de ETA acabó con su vida en Oñate, Guipúzcoa, el día 30 de abril de 1979, y Joya Lago desde diciembre de 1982. El más joven de los cuatro, Antonio Molina, esos asesinos lo mataron en Collado Villalba, en Madrid, el 14 de mayo de 2002.

Debo decirles que jamás imaginé que en este cementerio hubiese tantos militares, de todas las graduaciones y épocas, enterrados. Los que tienen sus restos en la Iglesia del pueblo, que suelen venir de visita desde hace muchos años, se les puede ver charlar amigablemente con compañeros que cayeron en el Barranco del Lobo, o en el Desastre de Annual, o que pertenecen a regimientos de cuando Melilla estuvo sitiada en 1775; y tantos otros que estuvieron de guarnición en nuestra ciudad. Imagínense ustedes, en pleno siglo XXI, que tienen a su lado, por ejemplo, a los generales O'Donnell, Prim, y al mariscal Sherlok, que han venido a visitar al general Margallo; la verdad, créanme, es que es algo inexplicable.

Si me he decidido a escribir esta carta ha sido porque sé que en nuestra ciudad sigue habiendo personas que no nos han olvidado, y nuestros recuerdos los llevan profundamente en sus corazones.

Lamento mucho tener que dejarles; ya que debo cruzar a la otra orilla para estar con mi familia. Mis compañeros me dicen que agradecen que venga desde Málaga para visitarlos; pero ya no se acuerdan que también fueron ellos, acompañados de los demás, que fueron asesinados, masacrados por ETA, me acompañaron por las escalinatas del Parque Cementerio de San Gabriel, donde actualmente se encuentran mis restos.

Reciban un fuerte abrazo de cuatro guardias civiles, compañeros y melillenses, con el ruego de que cada vez que visiten este bonito camposanto, recen una pequeña oración por nuestras almas.

El Ángel de bronce, solemne y solo, guardián de todas las almas que duermen en nuestro sagrado cementerio, aunque pasen los años o los siglos, siempre debe de haber alguien que agite la corriente del suave viento de la paz, que en la actualidad disfrutamos, pero sin dejar jamás de mover la bandera del recuerdo.

86

Querido lector:

Antes de que comience a leer esta carta, si puede escuchar al mismo tiempo *El sitio de Zaragoza*, creo que comprenderá mejor el sentimiento del que la «escribe».

Un amigo, que tiene la costumbre de coleccionar y leer toda clase de libros, me dice que después de leerlos los amontona en los anaqueles de su amplia biblioteca y luego, cuando desea consultar alguno de ellos, se vuelve loco buscándolo; pero dice que los que siempre encuentra antes son los de poesía, porque son los que más brillan en las pilas o en las estanterías. Es mi humilde deseo que la carta de hoy brille con luz propia, por ser la que escribe un muchacho de catorce años, educando de Banda, perteneciente al Regimiento de Caballería Alcántara n.º 14, cuyo nombre, como el de muchos de sus compañeros de regimiento, desaparecidos, no figura en el resumen de la actuación de este cuerpo del mes de julio de 1921, publicado en 1923 en la misma imprenta del Regimiento, y dice así:

> *Queridos melillenses:*
> *Soy el cornetín de Orden del Regimiento de Alcántara n.º 14.*
> *Yo no llegué a conocer a mis padres, porque fui abandonado dentro de un cesto de mimbre en un hospicio, en una fría noche de enero de 1907, con una nota que decía: «Este niño no ha sido bautizado, cuiden de él por el amor de Dios, y hagan que el día de mañana sea un hombre honrado y de provecho». Las monjitas de esa inclusa, que fue mi hogar, fueron las que me cuidaron y criaron hasta cumplir los catorce años, cuando me incorporé al Ejército como voluntario.*
> *Mi vida la perdí bajo una lluvia de balas enemigas, cuando cabalgaba junto al teniente coronel Primo de Rivera, por el cauce seco del río Igán. Eran las tres de la tarde del día 23 de julio de 1921, y mi teniente coronel, al verme tan joven, me indicó que, en vez de ir a «dos largos de caballo» y a su izquierda, como es reglamentario, me retirase lo más lejos posible de él, ya que las órdenes las daría «a voz», después de habernos aconsejado: «¡Ha llegado para nosotros la hora del sacrificio, que cada cual cumpla con su deber!». Fíjense que yo había adornado mi cornetín para la ocasión, con las vestiduras de gala, figurando en su anverso bordadas las armas de Caballería, y en el reverso, sobre fondo blanco, la Cruz Flordelisada de la Orden de Alcántara, bordada en verde, que es la que da nombre a mi Regimiento.*

Siempre he pensado que el teniente coronel, al verme barbilampiño y con cara de niño, me ordenó que me alejara de él,
creyendo que así salvaría mi vida de los moros, fuera de la batalla;
pero en mi mente aún resonaba con fuerza el juramento que hice al
estandarte en lo que dice: «Obedecer y respetar siempre a vuestros
jefes, y no abandonarles nunca…». Y yo, ¿cómo iba a abandonar a
mi teniente coronel?; porque si no podía luchar como educando de
Banda, lo haría como un soldado, sable en mano, ya que dejé de
ser niño cuando me dieron «útil y apto», y me vestí con el honroso
uniforme de la Caballería.

Si les digo que desde entonces, cada año por el mes de julio, el
capellán 2.º, D. José Campoy Irigoyen, se presenta en este cementerio, junto a mi madre, para que me abrace y me llene de besos,
pidiéndome con sus lágrimas el ansiado perdón. A veces, el páter me
pide al marcharse que con mi cornetín les interprete la botasilla de
Caballería, cosa que hago con todo mi orgullo y placer en memoria
de mi inolvidable y heroico teniente coronel, D. Fernando Primo de
Rivera y Orbaneja, que Dios guarde, ya que intentó, sin éxito, salvar
mi vida, perdiendo la suya también.

Ahora siento dejarles, no sin antes solicitarles una pequeña
oración por todos los que nos encontramos en este precioso jardín, o
enterrados y desaparecidos en esas agrestes tierras donde tantos españoles ofrecimos nuestras vidas por la Patria; también por mi madre,
que ya hace mucho tiempo que la perdoné por haberme abandonado
en el torno de aquel convento.

Reciban, con mi alegría, un fuerte abrazo.

87

Sobre estas cartas que ustedes leen cada vez que salen publicadas, yo siempre procuro usarlas como si fuese una piedra lanzada
en el «lago de agua clara» de la intelectualidad melillense; como
son los historiadores, los aficionados a la lectura de la historia
de nuestra ciudad, a los políticos responsables, también a los que
visten el uniforme militar; intentando siempre despertar alguna
sensación de sentimientos hacia nuestros muertos, que fueron los
que ofrecieron sus vidas por la Patria. Solo es eso, y nada más.
Esta la escribe un soldado de Infantería, y dice así:

Queridos melillenses:

*Soy Martín Labarte Larranqueta, y pertenezco al Regimiento
de Infantería Guipúzcoa n.º 53. Hace veintidós años nací en Elorrio,
un pueblecito cercano a Zaldibar. Me encuentro en el Osario General
desde el día 10 de diciembre de 1909. Mi muerte fue causada por
unas fiebres tifoideas, debido a las heridas de guerra que sufrí en el
Barranco del Lobo, en julio del mismo año.*

*Cuando llegué a este camposanto me recibió un amigo y pai-
sano: José Azaramendi Uzaga. Pepe es soldado artillero, de la 3.ª
Batería del 2.º Regimiento de Artillería de Montaña. Recuerdo que
eran las 7 de la tarde del 30 de octubre de este mismo año cuando
un enfermero me dijo que mi amigo había fallecido y se lo llevaban
al cementerio. La verdad es que se produjo en mí un desaliento que
puede que fuese la causa de mi muerte un mes y pico después.*

*Los dos llegamos a estrechar tanto nuestra amistad; ya fuera
por el paisanaje —él era de Durango— o también por encon-
trarnos tan lejos de nuestra tierra, el caso es que aún seguiremos*

estando juntos para toda la eternidad. Pepe me está diciendo que
les comunique que a él lo hirieron también en el Barranco del Lobo
en septiembre de ese año; y que conoció al comandante Royo de
Diego y al capitán Guiloche Bonet, ambos de artillería, muertos
los dos en la noche del 18 de julio, cuando defendían la posición
de Sidi Ahmed el Hach.

Por la molestia de haber leído esta carta, mis queridos melillenses,
y con las lágrimas que nos salen de nuestras almas agradecidas, nos
despedimos de ustedes con un fuerte abrazo, rogándoles que cuando
visiten a sus deudos recen una pequeña oración por todos los que nos
encontramos enterrados aquí.

Aunque estas cartas, por las heroicas muertes de sus protagonistas hace décadas, parezcan que llevan impreso el aspecto
de orfandad, sé que entre nosotros, los melillenses, y españoles
de bien, jamás nuestros soldados se encontrarán solos, y mucho
menos abandonados en nuestro camposanto. A pesar de que cada
peldaño de la escalera de los honores esté lleno de pena, de dolor
y de heroísmo, siempre queda la que nos lleva a la gloria.

88

Un día me preguntó mi amigo, el poeta andariego de Rusadir, Eladio Algarra, de dónde sacaba yo los datos de estas cartas.
¡Qué buena gente!, y qué gran poeta fue Eladio. A él le agradaba
leerlas: «Juan Jesús, cada vez que leo alguna, siempre escruto el
horizonte, y solo veo paz y gloria», me decía; y yo siempre con
la misma respuesta: Parte de la información es de los datos que

José Luis Blasco me ha proporcionado. La carta de hoy la escribe un cabo de Infantería, y dice así:

> *Queridos melillenses:*
>
> *Soy Martín Gómez Arenas, cabo del Batallón de Infantería Llerena n.º 11. Nací, hace 22 años, en La Colilla, un pueblecito cercano a Duruelo, en la provincia de Ávila. Desde el 27 de julio de 1909, en que caí muerto en el Barranco del Lobo, me encuentro, junto a otros compañeros, enterrado en el Osario del Panteón Margallo. Desde hace algunos años, procedente de un rincón cercano a este osario, cada día se acerca José Alarcón Gallardo; un señor muy amable y bien vestido, que falleció en su casa el 2 de mayo de 1892. Dice que a él no le importa estar enterrado en el Patio de los Indiferentes, como figura en el asiento del libro de difuntos. El comandante de nuestro batallón, D. Ricardo Fresneda Calsamiglia, nos ha dicho que pudiera ser que este hombre muriera impenitente de cualquier falta, y por tal motivo lo enterraron con los «Indiferentes». El comandante Fresneda, enterrado en la fila 2, n.º 8, del Panteón de Héroes, suele pasear con todo el mundo, pero con quienes más confianza tiene es con los que somos de su mismo batallón, que caímos el mismo día 27 de julio. Quien suele acompañarlo muy a menudo es el teniente coronel de Infantería de La Navas n.º 10, D. Tomás Palacio y Rodríguez, enterrado en la fila 3, n.º 4, del mismo Panteón Margallo. Dicen que a este teniente coronel lo mataron los moros a dos kilómetros del Barranco del Lobo y, como a tantos compañeros, no pudieron registrar su nombre hasta mediados de agosto.*
>
> *Queridos lectores:*
>
> *Deben saber que estaría contándoles cientos de anécdotas de mi sencilla vida en mi pueblo y de la estancia en el servicio militar, pero*

sé que con estas cortas y humildes líneas he abusado de su amabilidad y ya me han complacido lo suficiente. Sin otro particular, desde este jardín lleno de gloria y de honra, reciban un fuerte abrazo.

89

Un amigo me dijo hace tiempo que estas cartas suelen regalar a las almas y a los espíritus puros la espontaneidad de sentirse español. Eso es lo que, humildemente, yo intento transmitir a los lectores: que nos sintamos españoles y recordemos a nuestros héroes que se encuentran enterrados en la Purísima; aunque a veces las lágrimas sean como un corazón triste que pide a los ojos que hablen por él.

La carta de hoy la escribe un cabo de Infantería, y dice así:

Queridos melillenses:

Me llamo Eugenio Lázaro Lozano, y soy cabo del Batallón de Infantería Cazadores de Reus n.º 16. Soy soltero, y nací en Madrid hace veinte años. Los moros me mataron en Sidi Alí el 11 de octubre de 1909, junto a Pedro Badosa Serra, compañero del mismo Batallón. A Pedro lo registraron el mismo día de su muerte, pero a mí, como mi cuerpo no lo encontraron hasta noviembre, desde entonces me encuentro en el Osario del Panteón de Margallo.

Tengo a mi lado a varios compañeros a quienes les ocurrió lo mismo; recuperaron sus cuerpos pero no supieron dónde cayeron, ni los lugares donde fueron enterrados. Los que suelo ver por estos patios son: Eugenio Alborets Cloquell y Blas Pérez Cayuela, ambos soldados del Regimiento de Infantería Melilla n.º 59; Antonio Manchorro Muñoz, caído el 27 de julio de 1909, sin saber el pobrecito siquiera el regimiento al que pertenecía; pero algunos compañeros, como lo conocían, dicen que pertenece al Batallón de Llerena n.º 11. También suele venir por estas escaleras del «Ángel» el catalán, Jaime Rabascal Miró, cabo de Infantería del Regimiento Asia n.º 55. Dice que nació en Porrera, un pueblecito de Tarragona. Al menos él, como yo, sabe también dónde nació.

Tengo que decirles que desde hace unos años nos visita una señora muy mayor, que después de rezar sus oraciones, nos dice que estamos con Dios en la Purísima, que es la residencia fija de los ángeles buenos. Y ahora debo dejarles, no sin antes darle infinitas gracias a esa buena mujer, que siempre nos trata como si fuésemos hijos suyos.

Reciban un fuerte y cálido abrazo.

Sobre el Regimiento Asia, debo decir que en la calle Margallo, en la misma acera del antiguo mercado, existió el legendario Hotel Asia. Juan Díez dice en su blog que el propietario, José Torres Pubill, al enterarse de que su antiguo regimiento estaba de guarnición en la ciudad, durante los sucesos de la llamada Guerra de Margallo en 1893, se presentó voluntario, como soldado raso; pero como pasaba en demasía de la edad reglamentaria, fue rechazado, sin poder lograr sus aspiraciones. En homenaje a esa unidad, donde fue soldado, bautizó su hotel con el nombre de Hotel Asia. Como habrán comprobado, esto es una pequeña parte de la Historia, con mayúsculas, de nuestra ciudad.

Sócrates decía que «morir es el destino común de los hombres; pero morir con gloria es el privilegio del hombre virtuoso».

90

Aunque estas humildes cartas puedan parecer que pocas personas las leen, yo sé que nuestros héroes sí que lo hacen, porque son ellos mismos los que las escriben para ustedes. La de hoy es de un soldado de Caballería, y dice así:

Queridos melillenses:

Me llamo Florentino Moreno Pérez, y pertenecí al 5.º Escuadrón del Regimiento de Caballería Alcántara n.º 14. Cuando prestaba servicio asistiendo a los convoyes en la posición de Zeluán, caí mortalmente herido durante la evacuación cerca de esa posición. Era el 3 de agosto de 1921, después de habernos rendido y entregado las armas, tal como ocurrió en monte Arruit. Los moros de Abdelkrím nos fusilaron a mansalva y prendieron fuego a todo el poblado. La enfermería quedó reducida a cenizas con los enfermos dentro.

Mi cadáver, junto al del sargento Miguel Rivero, el cabo de ametralladoras, Emiliano Pajuelo y mi entrañable amigo y compañero de fatigas, siempre voluntario, Tesifonte Expósito, quedaron esparcidos por los alrededores y dados por desaparecidos.

Debo decirles que, desde hace unos días, se comenta por los jardines de este camposanto de que van a conceder la laureada a nuestro Regimiento, y que la ceremonia va a ser en Madrid, algo que no agrada a muchos de nosotros.

En las escaleras del Panteón, el coronel Manella y el comandante Berrocoso, ambos desaparecidos en el Barranco de Izumar, saludan al teniente coronel Primo de Rivera, quien cada mes de julio, desde aquel desgraciado año, vuelve de su sepulcro en la península para visitarnos.

El teniente Del Campo, del 5º Escuadrón, dice siempre de él lo que Quevedo escribió sobre los jefes militares: «(…) Más quiere llevar el soldado los ojos en las espaldas de su capitán, que tener los de su capitán en sus espaldas (…)». Como bien saben, nuestro teniente coronel Primo de Rivera fue uno de los más gloriosos militares que ofreció su vida para salvar la de muchos compañeros heridos en la retirada de monte Arruit.

El Panteón, donde reposan algunos de los que cayeron en esas posiciones, ha quedado muy bonito, y muchos de los cuatrocientos soldados de mi Regimiento desearían que la imposición de la laureada fuera allí, pues qué emoción sería para todos nosotros y para los que descansan aquí, que desde sus sepulcros lo contemplasen llenos de emoción.

Ahora estoy observando a doña Juana Martínez, la cantinera de Batel, sonreírle a un cabo con su corneta de llaves, que ensaya la diana floreada, la llamada de tropa a formar, y que de vez en cuando lanza al viento, junto al Ángel de bronce, nuestra Potasilla.

Por los uniformes y entorchados que se pueden ver, varios generales han acudido al evento: Marina, Margallo, Silvestre, Navarro, Pareja, Polavieja, Astilleros y Pintos. Según nuestro capellán Campoy Irigoyen, casi todos los comandantes generales que ha habido en Melilla están aquí saludándose entre ellos. Se ha sorprendido porque los generales O'Donnell, desde la Iglesia de Santa Bárbara en Madrid, y Prim, desde su sepulcro en Reus, también han aparecido para estar presentes en este emotivo acto.

También se ven a los Hermanos de la Salle y a los Capuchinos del pueblo, quienes recogieron nuestros cadáveres insepultos durante varios días, esparcidos por los alrededores.

Pero lo que más emociona son los soldados presbíteros que transportaron los cadáveres desde la puerta del cementerio hasta las fosas, que ellos mismos cavaron mientras rezaban.

Siento de veras tener que dejarles, no sin antes darles un abrazo y rogarles que asistan al acto de imposición de esta alta condecoración a nuestro Regimiento.

Reciban un fuerte abrazo.

A mí solo me queda decir lo que este héroe les pide: acudan a ese acto. Tanto los que descansan en ese panteón, como sus compañeros que los visitan, se lo merecen y se lo agradecerán eternamente.

91

Nuestros héroes, y Melilla completa, están tan ligados entre ellos como dos cintas en un bolsillo; y quien crea lo contrario se miente a sí mismo. Para mí son como las luces que producen las luciérnagas en la médula de una noche oscura.

La carta de hoy la escribe un soldado de Infantería, y dice así:

Queridos melillenses:

Me llamo Joaquín Nebot Mollón, y soy soldado del Regimiento de Infantería, África 68. Tengo veintidós años y aún permanezco soltero. Nací en Cortes de Arenoso, un pueblecito de la provincia de Castellón. Los moros me mataron en agosto de 1909, cuando reforzaba un convoy cercano a Sidi Musa; bueno, yo era uno de los que pertenecía a ese grupo de apoyo. Tengo junto a mí a Blas Ríos

*Fuster, con un año menos que yo; un entrañable amigo y compa-
ñero, que también cayó cerca de aquella posición, el 11 de julio del
mismo año. Cuando, dos días después, se instaló en el Hipódromo
el Hospital de Sangre, destinaron allí a unos sacerdotes castrenses,
que conforme iban llegando a este camposanto los compañeros caídos, nos hablaban de ellos como verdaderos santos, por los cuidados
y la cariñosa ayuda que les prestaban en los últimos momentos de
sus vidas. En primera línea de fuego podíamos ver al capellán de
nuestro Regimiento, don Ramón Olalla, junto a su compañero, de
la Disciplinaria, don Inocente Lechuga, ayudando en todo momento
a los heridos, sin menoscabo del ejercicio de su sagrado ministerio,
con los que caíamos en aquellos peñascos. En aquel recién estrenado
hospital, también ejercieron el capellán 1.º de las Comandancias de
Ingenieros y Artillería, don Fernando Solanilla; y el capellán 2.º
del Regimiento Melilla 59, don Alejo Fernández. Tengo que decir
que, en estos jardines, siempre se respira una luz, y una manera de
observar las cosas, que solo nosotros notamos cómo traspasa los corazones de quienes nos visitan; a los que, desde lo más profundo de
nuestras almas, les estaremos siempre muy agradecidos. Un capellán
que está enterrado en uno de estos patios, junto a sus compañeros,
se ha acercado para charlar conmigo; fíjense, yo, un simple soldado
de Infantería, medio analfabeto, charlando con un sacerdote, sobre lo
divino y lo humano, y además me ha echado el brazo por mi hombro,
y todo. La verdad es que siento dejarles, con un fuerte abrazo, y creo
que el capellán también lo envía. Por favor: recíbanlos de los dos.*

En cada una de estas cartas, siempre intento construir un
pequeño monumento de palabras llenas de emoción y humildad
en memoria de aquellos soldados, que ofrecieron lo más preciado

que tenían, sus vidas por la Patria; procurando enviarlas, plasmadas en una prosa de singular precisión muy *sui generis*, y afinadas con el inmenso diapasón del respeto, y el cariño hacia ellos; para que usted, lector amigo, mientras las lee, pueda «desmenuzarlas», con la sutileza propia de su capacidad de observación. Cada héroe que traslado, desde su sepulcro, a estas páginas, imagínenlo envuelto en un sudario de blanco algodón, junto a las losas pulidas por el viento cercano al mar; donde la tierra está viva, y es acariciada por la mirada del Ángel, y por las flores plantadas en jarrones de cristal, y de latas. Un viejo amigo me dijo un día que mi melillismo es tan agudo, porque siempre voy masticando las hojas del cielo azul de la ciudad, divisando en los atardeceres el gran fulgor histórico que sus calles emanan. Muy bien, y te agradezco esas poéticas palabras, le dije: «¿Y a los héroes dónde los dejas?». Pues, como verán ustedes, aquí están, en estas humildes páginas, para todo aquel que sienta España en lo más profundo de su corazón.

92

No sé si sabrán que los héroes que murieron hace ya décadas parecen que murieron menos, porque todos ellos continúan viviendo en nuestros corazones, tal y como se fueron a la Gloria. Dentro de pocos días se va a celebrar la imposición de la Cruz Laureada de San Fernando, como laureada colectiva, al Regimiento Cazadores de Alcántara n.º 14 de Caballería; y en la corbata de la referida condecoración se podrá leer la leyenda: «Regimiento Cazadores de Alcántara, 14 de Caballería. Annual. 1921».

La carta de hoy la escribe un soldado de Infantería, y dice así:

Queridos melillenses, me llamo Elías Rodríguez Casado. Soy soldado del Regimiento de Ceriñola n.º 42, nací en San Mamed, un pueblito de la provincia de Orense, hace 22 años. A las seis y media de la mañana, del día 19 de diciembre de 1909, según el parte médico, fallecí en el Hospital Militar de unas fiebres tifoideas. De vez en cuando converso con el alférez José María Lazaga y Ruiz, perteneciente a la dotación del Laya, que no se cansa de repetir, a quien desea oírla, la hazaña que el comandante Juan Velázquez y Gil de Arana protagonizó, en julio de 1921, junto a un tercio de la guarnición de Sidi Dris, del que estaba al mando. Dice que el comandante Velázquez cayó, junto a sus soldados, como un héroe, después de haber solicitado, a través del capitán Sanchis, del Princesa, al alto comisario, general Berenguer, sin poder recibirla. Dice el alférez Lazaga que él también fue herido, de cinco balazos, mientras marchaba con dos botes, uno a motor y el otro a remos, en su ayuda. Murió en Melilla el 30 de julio de ese mismo año; y aquí está, junto a mí, charlando como un amigo toda la vida, ya que llevamos juntos noventa y un años. Me comenta que si él en 1921 tenía veinticinco, y yo en 1909 cumplí los veintidós, debo ser mucho mayor que él: «Y que, mi alférez, ambos somos jóvenes, y si estamos aquí con los que caímos por la Patria, ese es el inmenso orgullo que todos sentimos». El comandante Velázquez, que siempre anda junto de él, se ha acercado, y fundiéndose en un abrazo, haciendo de su mirada cómplice de la mía. Al comandante se le nota en sus ojos un profundo agradecimiento hacia el alférez, porque dice que gracias a este le fue concedida la laureada, póstuma, y también que salvó algunas vidas de sus hombres, cuando los sacaba en los botes hacia su barco, el Laya. También está cerca de nosotros Luis Cistué Castro, alférez de una sección del 4.º Escuadrón, del Regimiento de

Cazadores de Alcántara, n.º 14 de Caballería. Por lo visto, ambos son muy buenos amigos. Este alférez cayó heroicamente en las cargas del Gan, al frente de su sección; y su cuerpo fue dado por desaparecido, junto a cientos de soldados; pero cuando fueron recuperándolos a todos, de su cruel abandono, los trajeron a este lugar donde en la actualidad reposan en el sueño de los justos, junto a los que caímos por esta ciudad, durante todos los siglos, desde su conquista. Ahora, deben disculparme si les dejo, porque el alférez de Caballería anda muy ilusionado por esa concesión de la laureada colectiva que le van a imponer, junto a sus compañeros de regimiento, y la verdad es que eso no me lo pierdo.

Reciban un fuerte abrazo.

Bueno, pues aquí lo tienen ustedes, queridos lectores: hasta nuestros héroes andan entusiasmados por esa imposición que España, nuestra Patria, les va a hacer a sus compañeros, los cazadores del Alcántara, n.º 14 de Caballería. A pesar de la distancia, desde esta otra orilla, con todo mi corazón e ilusión, yo me sumo a ese entusiasmo.

93

«A aquel soldado, con su precioso honor, su ánimo valiente, y solamente armado de su honesta obligación, una lágrima se le deslizaba por la mejilla camuflada con los latidos de su dolorido corazón, al ver a sus compañeros masacrados por los moros, el fatídico día de su llegada a monte Arruit». Eso lo comentaba un señor muy mayor, de barba blanca y bien cuidada, hace ya muchos años. La carta de hoy la escribe uno de aquellos soldados a que se refería ese noble anciano; y dice así:

Queridos melillenses:

Me llamo Manuel Arias Paz; soy teniente del Cuerpo de Ingenieros. Nací el 17 de julio de 1899, y pertenezco a la Compañía de Telégrafos en Annual. Debo decir que el momento más doloroso, en mi corta carrera militar, fue cuando el general Silvestre nos obligó al cabo Las Heras y a mí a destruir la radio Telefunken que había en la posición. Orden que cumplimos, con gran pesar, al instante, con tan solo tres hachazos. Cuando íbamos los dos montados en una motocicleta por Izumar, camino de Drius, para alcanzar Arruit, solo llegó el cabo Las Heras; a mí me dieron por desaparecido, y aquí estoy, junto a los demás que caímos entre el Izumar y Arruit. Por respeto a nuestras familias, no deseo relatar los horrendos y crueles sufrimientos que nos infligieron los moros que padecimos en aquellos peñascos; solamente deben saber que solo en Arruit fueron 2996 cadáveres los que recogieron de los distintos cementerios cercanos, entre los que yo me encontraba. En la cuesta de entrada de Arruit vi morir a dos médicos; eran los hermanos Modesto y Víctor García Martínez, ayudando en lo que podían a nuestros soldados. También contemplé la heroica muerte de mi capitán, D. Félix Arenas Gaspar, que con una mano inutilizada por una gran quemadura, y la otra con un fusil, disparaba sin cesar; lo que en un momento de la lucha, los moros, admirados por su valentía, se detuvieron, hasta que uno de ellos se atrevió, y encañonándolo con un fusil a la cabeza, le descerrajó un tiro, matándolo al instante. Los tenientes Calderón y Sánchez, entre varios oficiales más, al entrar en Arruit a gritos pedían al general Navarro la laureada para Arenas. Poco después, aquí en la Purísima, nos enteramos que el 18 de noviembre de 1924, cuando contaba solo treinta años, le fue concedida, a título póstumo, la Cruz Laureada de San Fernando, de 2.ª Clase, por la defensa de Tistutin y la retirada de Arruit entre los días 23 y 29 de julio de 1921. A todos los que pertenecemos al Cuerpo de Ingenieros nos invadió una inmensa alegría que a nuestro capitán se le concediera la mayor condecoración de nuestro Ejército. Con esa alegría debo despedirme de ustedes, no sin antes rogarles que jamás nos olviden. Reciban un fuerte abrazo.

94

Hay un buen amigo, de Barcelona, que ya me ha preguntado varias veces cuándo voy a «parar» de escribir estas cartas. Yo siempre le respondo que procuro hacerlo con la capacidad de que los lectores puedan observar una prosa singular; y, a ser posible, con la precisión afinada y con la sutileza o agilidad que siempre procuro acompañarme. Quizás será también porque me es más reconfortante cuando escribo sobre nuestros héroes.

La carta de hoy la escribe un soldado de infantería, y dice así:

Queridos melillenses, me llamo Domingo Tortosa Linares, y pertenezco al Regimiento de Infantería África 68. En los meses de julio y agosto, como cada año, nos desplazamos a este cementerio muchos compañeros que sufrimos cautiverio en los distintos poblados del Rif, para visitar a los que perdieron la vida y, recuperados sus restos, fueron trasladados a este panteón, que es donde me encuentro junto a ellos. Tengo a mi lado a Ricardo Amell, artillero de la 1.ª batería ligera; a Camilo Hernández y Amadeo Varela, ambos de la 4.ª compañía de Ceriñola 42, y a Manuel Martínez, de la 2.ª, del mismo regimiento. Tengo que decirles que yo salí de Melilla el 19 de julio de 1921, con destino a Batel, en una compañía formada con personal de «destino», al mando del teniente D. Enrique Barceló. En monte Arruit, donde «milagrosamente» caí prisionero y no vilmente masacrado, como hicieron con cientos de mis compañeros después de rendirse y desarmados, me condujeron a la cabila de Ben-Chelal; más tarde pasé a Zeluán, Nador y Afsó, hasta mi liberación. Siempre venimos Rafael Guzmán Cabello, Tomás Pérez Flores, ambos de infantería Melilla 59, y el alférez José Guedea Millán, de Ceriñola 42. Tengo que decir que los moros, a los soldados que pertenecían a este regimiento, les llamaban Ceriñolos. Junto a nosotros se encuentra el único de los trece trompetas, muy malherido, perteneciente a la banda del Regimiento de Caballería Alcántara 14, contando a todo el que quiera oírlo que cuando amaneció el 22 de julio, en el patio de la posición de Drius se reunieron todos ellos, con sus trompetas de llave y en corro, y con todo el sentimiento patrio, tocaron una diana floreada, pero con el clásico toque de la caballería. Decía que los supervivientes de Annual que se encontraban allí se animaron con esa liturgia castrense, llenándoles a todos de la tan añorada esperanza. Escuchando, con todo nuestro cariño, esta Diana Floreada de Caballería, desde estas escaleras del Panteón de Héroes, me despido de ustedes con un fuerte abrazo, hasta mi próxima visita, que será el año que viene.

Dónde mejor que desde estas páginas, a este amigo catalán le digo, que no me importa lo ajada que esté la pluma con la que escribo, mientras mi alma está llena de concepciones y de los valores necesarios que acumulo en mi pensamiento, que para mí son solamente del ingenio que sale de mi corazón. Más o menos es como el reloj, que hace el trabajo del Sol y de la Luna, y sus agujas peregrinan, dando vueltas, anunciando las horas y los cuartos; yo intento, con estas humildes cartas, que nuestros héroes vayan saliendo a la luz, y que vayamos conociendo a la gran mayoría que cayeron en los campos de batalla, en defensa de nuestra Patria, y por ende de la españolidad de nuestra ciudad, que tan cuestionada se encuentra en la actualidad por unos cuantos «quintacolumnistas» malditos, y aplaudidos por los del «síndrome de Estocolmo».

95

A veces pienso que la ciudad donde vine a la vida no tiene memoria, y le hace falta gente, aunque sea aficionada a la Historia, para recordarle todo lo que hay guardado en los cajones de la desidia; donde se encuentran a los héroes que dieron su don más preciado: la vida por la Patria. Yo procuro al escribir estas cartas, hacer lo que el poeta con los primeros versos de un poema: hilvanarlas para que el lector haga las costuras, y le quite los trozos de hilos sobrantes, y construya su propia visión de los textos; aunque debo decir que cada escrito es una prosa donde narro sucesos imaginarios, pero verosímiles.

La carta de hoy la escribe un soldado de Infantería, y dice así:

Queridos melillenses:
Me llamo Ramón Vicente Ballester, y soy soldado de Infantería de la 1.ª Compañía del Batallón de Cazadores de Mérida n.º 13. Tengo veinticinco años y estoy casado. Nací en Gallocanta, un

pueblecito de la provincia de Zaragoza, de muy pocos habitantes; si les digo que no llegábamos a los cien cuando yo era un zagal. El día 16 de septiembre de 1909, fallecí a las 9 de la mañana en el Hospital Militar, a consecuencia de las heridas que sufrí en la 2.ª Caseta. Como muchos otros compañeros, me encuentro enterrado en el Osario del Panteón de Margallo.

Tengo a mi lado a Simeón Verdugo Merino, soldado de Infantería, como yo, pero del Batallón de Arapiles n.º 9. Simeón está soltero, y solo tiene veintidós años. Murió el 27 de julio de 1909, en el Barranco del Lobo. El pobrecito no habla nada, ni tampoco sabe decirnos dónde nació; pero Juan Rodríguez Barreiro, un gallego de Souto, Orense, de la 4.ª Batería del Regimiento de Artillería de Montaña, cree que Simeón es de un pueblo de León. Este Artillero murió de tifus, el 2 de enero de 1910, en el Hospital Militar, y cuenta que conoció a Simeón por medio de un amigo común.

Como otros compañeros, esta carta la estoy escribiendo sentado junto a la tumba de una niña arrodillada en un cojín de mármol, en el patio bajo. Un oficial, que está enterrado en el Panteón de Héroes, me dijo una vez, que la mirada de esta niña, aunque sea de mármol, suele acompañarnos siempre. Con su mirada de ángel, me despido de ustedes, en espera de que cada visita que hagan a sus deudos, se acerquen a nuestros panteones; y si lo desean, recen una pequeña oración por nuestras almas.

Reciban un fuerte abrazo.

La poetisa Gertrudis Gómez de Avellaneda, Tula para los amigos, decía: «La Historia es testigo de los tiempos, luz de la verdad, vida de la memoria, maestra de la vida y testigo de la antigüedad». Por eso yo jamás he deseado enfrentamientos ni porfías con los «estudiosos» de nuestra Historia; pero no obstante digo que en cada artículo, como puedan ser estas humildes cartas, me «baño» en la gloria de nuestros héroes.

96

Todos los héroes que «escriben» estas cartas son protagonistas morales, y al mismo tiempo, son mis tiernos cómplices. Las situaciones históricas que aparecen en ellas, muchas son de la humilde poesía que me sale del fondo de mi alma, con el sedimento de mi melillismo como español que soy. Quien les escribe hoy es un soldado de Infantería, y dice así:

Queridos melillenses:

Me llamo Federico de la Vega Martínez, y soy soldado del Batallón de Cazadores de Arapiles n.º 9. Nací en Barajas, provincia de Madrid, hace veintiún años; y caí muerto en las estribaciones del Barranco del Lobo el 27 de julio de 1909. Desde ese mismo día estoy enterrado en el Osario del Panteón de Margallo.

Les escribo esta carta porque tengo dos amigos, mayores que yo, que siempre paseamos por estos jardines: uno es Jerónimo Trigo y el otro Juan Oliva. Jerónimo es de Toledo, y Juan es de Conil, de la provincia de Cádiz. Ambos tenían cuarenta y cinco años cuando murieron de varios disparos hechos desde el Garitón de la Alcazaba, cuando los tomaron por prófugos, creyendo que huían hacia el campo enemigo con los moros, pero dicen que en realidad iban a robar unas lechugas de los huertos cercanos al río. Eso fue el día 12 de noviembre de 1798. Cuentan que ellos fueron de los primeros que fueron enterrados en el Cementerio de San Carlos, y que el vicario eclesiástico D. Francisco Muñoz Gómez fue el que pronunció el responso cuando los enterraban.

Por otra parte, tengo que decir que han venido a mi lado para que yo, de parte de ellos, escriba una carta en la que solicitan de ustedes el perdón. Ellos eran desterrados con largas condenas, que creían injustas. En sus rostros se les nota el arrepentimiento que tienen de sus pecados. Dicen que uno de los capitanes del Regimiento de Infantería de Granada, que estaba de guarnición en la Plaza en aquellos meses, podría atestiguar su amistad, como fue el buen comportamiento que tuvieron durante su cautiverio; pero claro, ¿quién sabe dónde se encuentran los restos de ese oficial? A ellos los trajeron a la Purísima, junto a los restos del Cementerio de San Carlos, en la Alcazaba, en febrero de 1904.

Yo ruego que, cuando visiten a sus deudos, depositen en nuestras lápidas y panteones una muda oración que llegue hasta Dios, y perdonen a estos desterrados, que también participaron en la defensa de las murallas de nuestra ciudad, como lo hicieron muchos de ellos.

Reciban un fuerte abrazo.

Como ya saben, es mi intención que estas humildes cartas que «escriben» los héroes sirvan de contradanza alrededor de las tumbas y panteones, como laboriosas abejas, portadoras del Polen Patrio, hacia ustedes que me leen. Yo procuro que las palabras que vuelco en ellas brillen como chispas de oro de ley, labradas en las laureadas alcanzadas con todos los honores, en el campo de batalla.

97

«Los jinetes de Alcántara atacan de nuevo».

Cada visita que hago al cementerio, sus tumbas y panteones me transmiten una densa carga emotiva al sentir la presencia de tantos héroes que descansan en sus gloriosos patios. Por eso, cuando escribo sobre ellos procuro mojar mis teclas en la espuma de la canela de mi melillismo para que mis palabras sonrían a toda la gente que me lee. Es cuando mi espíritu se desborda y arrastra hacia la pantalla de mi ordenador todo el sentimiento patrio que puede haber en mi alma de español.

La carta de hoy la escribe un teniente de Caballería, y dice así:

Queridos melillenses:

Soy Gerardo García Castaño, teniente del 3.º Escuadrón del Regimiento de Cazadores de Caballería Alcántara n.º 14. No se pueden imaginar la inmensa emoción que hemos sentido todos los componentes del Regimiento que caímos en el verano de 1921. A mí me dieron por desaparecido el 9 de agosto de aquel año cuando evacuamos monte Arruit, pero jamás me he separado de mis compañeros.

El día 1 de octubre de este año de 2012, en el Patio de la Armería del Palacio Real, cuando S. M. el rey impuso a nuestro Regimiento la «Corbata» de la laureada de San Fernando, como ya observarían, hubo un amplio lugar en ese gran patio donde no había nadie, y nuestro coronel D. Francisco Manella, creyendo que ese espacio estaba reservado para nosotros, nos ordenó formar a los 550 del Regimiento que perdimos la vida en aquellos campos; y como no podían faltar, también se agregaron el resto de los tres mil de Arruit. El corneta, que siempre iba a su lado muy serio, le advirtió que nuestros uniformes contrastaban con los de gala de nuestros actuales compañeros que desfilaban ante S. M., ya que estaban muy ajados, sucios, y algunos llenos aún de nuestra sangre, seca por el tiempo. La contestación, acompañada de una amable sonrisa de nuestro coronel, fue que por esa sangre derramada el rey le estaba imponiendo esa «Corbata» a nuestro Regimiento ya que, después de noventa y un años: «España nunca olvida a sus héroes». El muchacho, con la mirada hacia el suelo, un poco turbado, intentó estirarse los pantalones; y en posición de firme, permaneció todo el rato que duró el homenaje.

No se lo van a creer, pero también acudieron generales de otras épocas: O'Donnell, Prim, Margallo y Marina; el teniente coronel Valenzuela, que acudió desde la Cripta del Pilar de Zaragoza, charlaba con nuestro comandante Berrocoso; también estaban los capitanes Triana y Tejedo; y tantos que no habría papel para escribir todos sus nombres. Yo creo que de nuestro Regimiento no faltó nadie, incluidos los que no se encuentran en el Panteón de la Purísima; y también todo el clero castrense de aquella época, como el capellán Irigoyen.

Pero lo más emotivo, por su sencillez, es cuando nuestro teniente coronel, D. Fernando Primo de Rivera, abriéndose paso entre el público asistente al acto, con el color del dolor reflejado en su rostro, apareció del brazo de la cantinera de Batel, D.ª Juana Martínez López. Era un cuadro emocionante y lleno de ternura, ver a nuestro héroe, con la manga, donde tuvo el brazo izquierdo, vacía, y apoyado sobre los hombros de la mujer que se mantuvo a su lado mientras le amputaban ese miembro, sin anestesia (porque no la había en la posición), cruzar entre las autoridades hasta donde nosotros nos encontrábamos, recibiéndoles con suma alegría. La señora Juana, sin separarse de él un solo instante, con su viejo mandil, como una suave caricia, le limpiaba la sangre y el sudor, ya que sabía que él era uno de los principales homenajeados, porque el 23 de noviembre de 1923, el abuelo de S. M. el rey Alfonso XIII, le impuso la Cruz Laureada de San Fernando, por estar al frente del 2.º Escuadrón, dos secciones del 4.º, y una del 1.º, en la retirada de Cheif a Drius, salvando la columna de ciento noventa y dos hombres, con su impedimenta.

Desde el Patio de la Armería del Palacio Real, junto a los «Tres mil de Arruit», a los que con todo el honor pertenezco, lleno de emoción me despido de ustedes con un fuerte abrazo.

Un amigo me decía hace unos días que su padre recitaba: «Las heridas que el soldado luce en el rostro, son las que llevan al cielo de la honra». Esta carta que han leído es como los perfumes en primavera, que duelen, porque son como las blancas lápidas dormidas, que no hablan, pero sí que lloran, como la flor a su perfume, siempre atado, como las enredaderas a los muros sin sol.

98

Toda persona que escribe debe tener un sitio en la calle con los lectores y con la gente que nos quiere; eso me lo decía mi buen amigo Eladio Algarra, el añorado «Poeta Andariego de Rusadir». Él ya lo tenía por derecho propio, porque en todos sus poemas le cantaba a nuestra ciudad con el amor de buen hijo nacido entre sus murallas. Yo que, humildemente, lo vengo haciendo sobre nuestros héroes, espero tener un pequeño lugar entre ustedes.

La carta de hoy la escribe un soldado de Infantería, y dice así:

Queridos melillenses:

Soy Esteban Lorenzo Rodas, soldado del Regimiento de Infantería, León 38. Sé que cuando los moros me mataron en el zoco Jemís de Beni bu Ifrur, contaba veintiún años. Era el 30 de septiembre de 1909, y desde entonces me encuentro en el Osario del Panteón Margallo. Debo decirles que no sé el lugar donde nací; todo se me olvidó desde aquel día. Unos dicen que, por el acento, debo ser catalán; pero lo que sí tengo es una gran suerte, porque estoy junto a Antonio Díaz Oliva.

Este es un muchacho, con una gracia espontánea, muy simpático, nacido en Chiclana (Cádiz). Antonio es el cornetín de Orden del Batallón de Cazadores de Tarifa n.º 5. Él fue, junto a los que cayeron días antes, el que estaba en la puerta del cementerio, recibiéndonos a todos los que íbamos llegando, ya que cayó el 20 de ese mismo mes, en Taxdir. Como fue el cornetín de su Batallón, y aún no ha encontrado a sus compañeros, siempre va pegado a mi comandante, D. Salvador Perinat Torreblanca; también nacido de la provincia de Cádiz, en San Fernando. El comandante Perinat no aparenta tener cuarenta años, y está soltero como nosotros. A veces lo vemos salir de la fila 20, n.º 11, del Panteón de Héroes, donde siempre lo espera con el cornetín dispuesto a cualquier orden, y recordándole que no se le «olvide» las condecoraciones, y las prenda en su pecho, como suelen hacer algunos condecorados, que no todos. Como es tan modesto y no gusta lucirlas, sabemos que está en posesión de dos Cruces al Mérito Militar, con los distintivos Rojo y Blanco; la de Cuba, la de Alfonso XIII, y una que él dice que es Conmemorativa de Zaragoza.

A veces nos hace entrar en su impresionante panteón para contarnos historias de los jefes y oficiales que descansan cercanos a él: «Aquí está el capitán Fernández Martínez, de Cazadores de

Figueras 6, cayó en el Barranco del Lobo, de un tiro en la frente. Este es el capitán Bermejo, de Cazadores de Madrid 2, que tú, Esteban, lo conocerías porque también caísteis los dos en Beni Bu Ifrur, el mismo día». En fin, que si alguna vez pudieran observarnos a los tres, fíjense: un comandante de Infantería, con un brazo por encima del hombro de un Cornetín de Orden, que toca como los propios ángeles, y a su izquierda un Soldado raso, que se le ha olvidado dónde vino a la vida; de verdad que les causaría sorpresa, y a algunos de ustedes les afloraría una sonrisa, cosa que a nosotros, a los tres, nos llenaría de inmensa alegría.

Y ahora siento dejarles porque sé que deben leer otras cartas que les envían muchos compañeros desde este camposanto. Reciban con cariño un fuerte abrazo, y cuando nos visiten, deténganse unos minutos junto a nuestros osarios y panteones. Nosotros siempre los observamos y agradecemos.

Como ya digo al principio, con estas epístolas que escribo desde mi humilde rincón, yo intento que las voces de nuestros héroes, tan silenciadas que han estado hasta ahora, salgan con su luz propia. Esas voces eran como una lejana armonía, casi imperceptible para muchos melillenses, voces suaves que han ido creciendo y creciendo hasta convertirse en una atronadora armonía, como jirones de niebla sobre el azul de nuestro cielo en la Purísima.

99

«Juan Jesús: nuestro cementerio es un jardín de penumbra adormecida bajo un cielo radiante; es la morada de nuestros héroes para toda la eternidad, y tus cartas creo que hacen mucho bien a muchos melillenses, que somos amantes de nuestra historia». Esto me lo dijo una vez Eladio Algarra, desde Cádiz; al que tuve que decirle que me lo repitiera despacio para poder escribirlo. Qué lástima que ese gran poeta melillense no esté en ese «jardín de penumbra adormecida», al que tanto le cantó: «A mí, apenas muera, quiero que me entierren en la Purísima, y con un poema de Garbín como epitafio en la lápida», me decía.

La carta de hoy la escribe un cabo de Infantería; y dice así:

Queridos melillenses:

Soy Pedro Alcayde y pertenezco al Batallón del Provincial de Infantería n.º 2. Nací en Granada hace más de treinta años, y desde hace tres estoy confinado en este Presidio de Melilla. El 13 de febrero de 1840 los moros me mataron cuando quemaron las estacas del Fuerte de Santa Bárbara y lo atacaron con saña. En el parte de defunción dice que fue por bala de cañón enemigo. Desde que nos trasladaron a todos los que estábamos en San Carlos, a finales del siglo XIX, me encuentro en la fosa, junto con los restos de muchos compañeros.

Conmigo está Manuel Mora, Soldado del antiguo Regimiento de Infantería de León 38; muerto el 10 de noviembre de 1849, en las murallas de la Plaza, por un disparo traicionero de los moros. También está con nosotros el teniente, D. Francisco María Pérez, de la 3.ª Compañía, del 3.º Batallón de Almansa. Es nacido en Elche, y fíjense que solo tenía treinta y un años cuando el 10 de octubre de 1849, lo mataron los moros, al ser atacado el Cuerpo de Guardia de la Marina, donde robaron numerosos pertrechos. En este hecho también cayó el sargento José Díaz. Ese mismo día los fronterizos destrozaron la puerta del Fortín Alto de San Antonio. Eran años de ataques muy traicioneros perpetrados por los belicosos vecinos.

Del Panteón de Margallo suele acercarse un cabo de Infantería del Batallón de Cazadores Arapiles n.º 9. Se llama Nicasio Jeróni-mo Lorca, es soltero y nacido en Madrid; y según dice, en la Ribera de Curtidores. El 27 de julio de 1909, lo mataron los moros en el Barranco del Lobo.

Con Nicasio tenemos varias discusiones por las islas Chafarinas. Él dice que fueron ocupadas en marzo de 1848, y nosotros que, por entonces, ya estábamos de guarnición en la Plaza, sabemos lo que ocurrió. Resulta que el general Serrano las ocupó el 6 de enero de 1848, bautizándolas con los nombres: Isabel II, rey Francisco y Congreso, y los barcos fueron, desde Málaga, el Piles, Vulcano, Flecha y el bergantín Isabel I; y de nuestro puerto salieron los transportes: San José, San Gabriel, Carmen, Carmen II, Carmelita y Tomás. También se comentaba que pocos días después de su ocupación, se avistó el navío de guerra francés, Veloz, que venía dispuesto a tomarlas para Francia, y al ver nuestra bandera en lo alto de la Isabel II, dio media vuelta y se perdió en el horizonte. Bueno, pues a pesar de que nuestro teniente se lo ha repetido hasta la saciedad, él no se baja del burro.

Estas y otras charlas son las que tenemos entre nosotros, como las batallas en que cayeron cientos de compañeros, que fueron llegan-do durante todos estos años. Él en 1909, más tarde los de 1911 y 1912; y los que cayeron, cubriéndose de gloria, cuando el Desastre de Annual, en 1921. Pero la que más nos emocionó fue cuando trajeron,

en arcones, los restos de los tres mil de Arruit. También observamos
a muchas personas que se acercan a nuestras fosas y panteones, para
rezarnos alguna oración; gesto que agradecemos, como la lectura de
la presente; que sin querer molestarles más nos despedimos con un
fuerte abrazo, deseándoles lo mejor.

Las conversaciones con Eladio, naturalmente, eran de poesía, de literatura, y siempre orillando la política. A veces le pedía que me recitara algunos poemas de su preferido, el gran D. Antonio Machado, y yo con la vena lírica solía decirle que nuestros héroes son como las mariposas, que apenas los nombramos, se nos queda entre los dedos el polvo de oro glorioso de sus alas, con el acompañamiento sinfónico que cada uno desea incorporarle. De verdad que eran momentos muy emocionantes: él recitando a Machado, desde Cádiz, y yo, desde Málaga, hablando de nuestros héroes.

100

Hace algún tiempo, cuando comencé a escribir estas cartas referidas a los héroes, lo hice en memoria de mis padres, recordando de cuando yo era un crío de apenas diez años e iba acompañando a mi madre a rezarle a mi abuelo, su padre, enterrado debajo de Juana Martínez, la cantinera de Batel. A veces, en una libreta de dos rayas, ya desaparecida, anotaba algunos nombres y fechas, que mi padre me aconsejaba que hiciera siempre. Era fascinante observar esos nombres esculpidos en los mármoles renegridos y gastados por el tiempo, esmaltados en las páginas de nuestra Historia. Siempre me quedaba mirando, con mi curiosidad infantil, la escultura de la niña desnuda arrodillada en un cojín, con su dedo partido y pegado, el busto de la señora italiana, o el Panteón de Margallo. Pero a mí lo que más me impresionaba era el Panteón de héroes, con nuestro Ángel, que siempre supe que era la diosa Niké (por sus senos), y la puerta que solo se abría el Día de Difuntos, la que mi madre siempre se persignaba, como antes hacía mucha gente al pasar por delante de una iglesia. Con los años, y poniéndole «voz» a nuestros héroes, me permití dirigirme a todos los melillenses y lectores de este periódico para que, al menos, conocieran algunos de sus nombres, las unidades a las que pertenecieron, y lugares donde cayeron heroicamente, ya que hasta hace pocos años, casi nadie conocía muchos de esos datos, tan solo los investigadores que han buceado en libros que permanecían cerrados y polvorientos, y que yo, humildemente y con gran orgullo, también los he sacado a la luz para ustedes en estas páginas.

Aunque parezca algo irrealizable, utópico, o como quieran llamarle, desde estas líneas me permito dirigirme a las autoridades militares, y por ende también a las civiles, con el ruego de que al menos una vez al año, y en todos los torreones y fortalezas de la Ciudadela, sitúen un estandarte de algunos de los regimientos que prestaron sus servicios en Melilla durante más de cinco siglos que es España, como lo puedan ser Cáceres, Vitoria, Málaga o Gerona. Imagínense que la Plaza del Gobernador le cambiasen el nombre por el de La Hispanidad, y que un oficial anunciara los honores a los héroes de España, junto a una batería de cañones, y disparasen una Salva en Honor por todos los que cayeron en sus murallas, y en los campos de batalla, defendiendo la españolidad de nuestra ciudad.

Figúrense que en la Puerta de la Marina hubiese un pelotón de los Primeros Hombres de Mar (Compañía de Mar), con su estandarte; en San Luis de la Marina, otro del África 68; en el Bonete (faro del pueblo), uno del Batallón de Figueras n.º 6; en el de las Cabras, el Llerena 11; en el de la Florentina, de Ciudad Rodrigo; en el de San Juan, de Saboya n.º 6; en el del Vigía de Tierra, Brabante; en el Baluarte de San Pedro, San Fernando; en la Puerta y Foso de Santiago, el de Nápoles; en el Baluarte de las Cinco Palabras (Creo En Dios Padre Todopoderoso), Princesa; en la Muralla Real, Voluntarios de Cataluña. Todos y cada uno de ellos, con sus estandartes, guiones y banderas al viento.

Y ahora vean a un niño de apenas catorce años, Calixto Gil, grumete del chambequín Andaluz, de la mano de María de Mora, una señora vecina de la Plaza, ambos muertos durante el Sitio (1774-1775). El cabo Luis Noval, muerto heroicamente el 28 de septiembre de 1909 en el zoco Had de Beni Sicar, charlando con Francisco Sánchez Barbero, intelectual, preso por orden del mastuerzo Fernando VII por sus ideas liberales, al lado del corneta de Cazadores Alcántara, corneta que acompañó al teniente coronel Primo de Rivera, en las Cargas del Gan. Los generales O'Donnell, Prim, Pintos y Marina presidiendo el acto. El comandante Benítez, antes del acto, y en animada charla con los capitanes Juan Salafranca y Félix Arenas, por el Torreón de San Juan, comentándoles que el oficial que mande la Batería de Honores debiera ser el teniente Flomesta, ya que perteneció al Regimiento Mixto de Artillería de Melilla. Como sabrán, tanto los capitanes Salafranca y Arenas, como el teniente Flomesta, no fueron localizados y dados por desaparecidos. La oración de honor a los héroes la hizo el capellán de Alcántara 14 de Caballería Campoy Irigoyen.

Debo decirles que con mis medios pecuniarios, y de los envíos amables de amigos, hace algunos años me propuse investigar, devorando todos los libros que me iban llegando, para plasmarlo en estas páginas. Y para terminar, piensen que si nuestros héroes llevan cientos de años llorando solos, sin poder enseñar las heridas que tienen en sus gloriosas almas, yo espero que entre todos nosotros les acompañemos cuando los visitemos en sus tumbas, nichos y panteones. El que quiera rezarles, que lo haga, y el que no, que tan solo incline su cabeza, que ellos siempre lo agradecen.

Reciban un cordial saludo.

Juan Jesús Aranda López

Panteón del Grupo de Regulares.

Colofón

A modo de colofón sobre las cien cartas desde la Purísima

En cada una de las cartas he intentado tremolar el Pendón de España, nuestra Patria, para que ustedes, queridos lectores recuerden, y jamás se les olvide, que en La Purísima se hallan nuestros héroes, que también fueron Mártires Cristianos, que dieron sus vidas para que nuestra ciudad siga siendo España.

Y si a alguien esto le suena a una parafernalia propia de una arenga patriotera, les digo que me importa un carajo. Yo solo sé que cuando escribo sobre ellos, humildemente voy nutriendo mi conciencia de patria, como español, y por ende de melillismo. Estas cien cartas han sido una breve cronología, en síntesis, de hechos que ocurrieron en Melilla, y sus alrededores, desde que Pedro de Estopiñán puso sus pies en las derruidas murallas del pueblo, hace ahora quinientos veinte años. Todas, una a una, han ido emergiendo, como estrellas de luz, alumbrándome con toda la fuerza de sus almas inmortales. Se ha dicho que cuando alguien emprende la lectura de *La Ilíada*, de Homero, como relato histórico, encuentra enseguida la ficción, y que aquel que por el contrario, la lee como una leyenda, halla siempre la historia. Créanme que estas cartas no han sido leyenda ni ficción, ni tampoco fruto de mi imaginación; les puedo asegurar que han sido la Historia viva de nuestros héroes y mártires que dieron lo más preciado que tenían: su sangre.

Y si me lo permiten yo, que siempre he tenido el imperativo de escribir sobre Melilla y sus héroes, en el año 1985, con dolor y rabia contenida, escribía este humilde poema al Cementerio de la Purísima:

En el Cementerio de Melilla,
generaciones de héroes
en sus entrañas tiene.
Ellos sabían que morían
lejos de su Tierra Peninsular.
Esa sangre seca y española
es la bandera que alzo,
para que todos la vean
siempre ondear, y recuerden
que esos españoles muertos,
viven en la memoria,
y no tirados en el olvido
de algunos compatriotas que dicen
ser hermanos nuestro.